Engelbert Weißenbacher
Männerprostitution & Zukunftskonvent: Die neue BABEL

AF286229

ENGELBERT WEISSENBACHER, Jahrgang 1956, absol-
vierte eine Lehre zum Werkzeugmacher und wurde an der
HTL-Bulme in Graz zum Elektrotechniker ausgebildet. Er
arbeitete als Facharbeiter, Sachbearbeiter, Betriebswirt,
Controller und leitender Angestellter in Großunternehmen
und im Bundesrechenzentrum in Wien. Er entwickelte ein
Berichts-Tool für Unternehmen, das er Institutionen, Unternehmen, Universitäten und interessierten Bürgern zum
Gebrauch zur Verfügung stellt. Weißenbacher lebte lange
Zeit in der Menschenrechtsstadt Graz, fand aber erst wie-
der in Wien eine Arbeit und eine neue Heimat.

Engelbert Weißenbacher

**Männerprostitution
& Die neue BABEL**

Ethik Partei Europa; EtP-EU

Bibliographische Information der Deutschen Bibliothek

Die Deutsche Bibliothek verzeichnet diese Publikation in
der Deutschen Nationalbibliographie;
detaillierte bibliographische Daten sind im Internet
über <http://dnb.ddb.de> abrufbar.

Januar 2005
Dritte Auflage August 2008
© 2005, 2007, 2008 Engelbert Weißenbacher
Herstellung und Verlag: Books on Demand GmbH,
Norderstedt
Printed in Germany
ISBN 978-3-8334-7221-3

Inhalt

TEIL I

Männerprostitution

Jan ist auf dem Lande aufgewachsen, er ist sehr hellhörig und eins mit der Natur. Seine Intuition hat er aus seiner Kindheit, er ist begabt darin, seine Umwelt detailliert wahrzunehmen und verfügt über einen guten Orientierungssinn. Ein mystisches Erlebnis in seinem vierten Lebensjahr kann er bis heute nicht deuten, es ist möglich, dass sich dieses Geheimnis einmal klärt. In intensiven erotischen Jugenderlebnissen hat er seine Liebe und Zuneigung zu den Frauen entdeckt.

Weil wir in einer für uns nicht mehr erkennbar organisierten Gesellschaft leben, werden Ihnen diese Ereignisse, welche wir alle ähnlich erleben, bekannt vorkommen.

Eine kleine traumatische Geschichte

Berufsleben

Als Jan nach seiner abgeschlossenen Lehre seinen Beruf zwei Jahre als Facharbeiter ausgeübt hatte, bekam er Lust auf etwas Neues. Man war auf dem Land hoch angesehen, wenn man es von der Werkstatt ins Büro gebracht hatte. »Er geht ins Büro«, hieß es, »er wird was Besseres.« Die Landbürger verbeugten sich und nickten ihm höflich aus Anerkennung zu und klatschten Beifall: »Möge er aber dabei ja nicht ausrutschen und fallen.«

Sachbearbeiter in einer Vorkalkulation war seine erste Bürostelle, er bildete sich in Abendkursen fort. Nach der Werkmeisterschule für Maschinenbau und der Ausbildung zum Arbeitstechniker absolvierte er berufsbegleitend die Höhere Technische Lehranstalt für Elektrotechnik, er bekam dafür vorerst keinerlei finanzielle Anerkennung. Auf die Frage hierauf lachte sein Chef und meinte: »Durch Ihre Fortbildung werden Sie einmal gut verdienen, Ihre Kollegen haben diese Geldzuwendungen viel nötiger als Sie.« Eine sehr logische Erklärung.

Er arbeitete sich zum Abteilungsprogrammierer empor, bisher hatte der Chef allein alle Programme erstellt. In der Anfangsphase fragte er mehrmals seinen Chef, wie denn dieses oder jenes Problem programmtechnisch zu lösen sei, wieder bekam er eine ungewöhnliche Antwort: »Sie müssen selbst denken, dafür habe ich keine Zeit.« Sodann ging er erst wieder auf ihn zu, als das Programm geschrieben und ausreichend mit Fallbeispielen geprüft war. Daraufhin war seinem Chef auch klar, dass seine eigene Arbeit - diese Art der Kalkulation mit Produktions- und Kostenfunktionen, programmiert in der Programmsprache Fortran, war sein Lebenswerk - von jemand anderem fortgeführt werden würde. Er machte Jan zu seinem Stellvertreter, weil er in zwei Jahren in Pension gehen wollte. Sein Chef kämpfte für seine Arbeit und seine Überzeugung - unbeugsam bis zum Schluss. Er war korrekt in der Sache und hatte Großes aufgebaut. Für Jan war diese Art der Arbeit seinerzeit normal, er kannte nichts anderes, wusste nicht, wie wertvoll dieses Wissen war, das er von seinem Chef mitgenommen hatte. Er baute darauf auf und entwickelte die Methode stetig weiter.

Woran liegt es, dass einer so eine Chance im Leben bekommt und andere nicht? Ist es Zufall? Die Arbeitsweise seines Chefs hatte Jan geprägt: Er fing selbst an, für Sachen, die es ihm Wert waren, zu kämpfen und schrieb wie sein Chef Aktenvermerke, wenn etwas nicht mit rechten Dingen zuging. Die Zerschlagung der »Union« war ein Kampf, den er verlor. Seine sachlichen Argumente gegen deren Teilung in vier Firmen wurden abgeschmettert - es regierte der Parteienklüngel. Er berichtete an den damaligen Kanzler, sandte einen Durchschlag an den Industriesprecher der Oppositionspartei, und bat um Hilfe. Die Firma brachte sieben Monate keinen Auftrag aus dem Werk, weil die Teilung quer durch die Stückliste und durch die Arbeitspläne für die diversen Bauteile und Maschinen ging. Man musste Arbeitsschritte und Bauteile von den nun neu geschaffenen Firmen anbieten lassen, bestellen, fakturieren und verhandeln. Ein organisatorisches und kaufmännisches Chaos entstand. Jans Abteilung wurde aufgeteilt, er selbst wählte die Kalkulationsleitung der Maschinengruppe. Um sein tolles Team, seine Kollegen, tat es ihm sehr leid. Sein Schreiben wurde inoffiziell vom Revisionshof überprüft, danach wurde ein Firmenleiter hinauskomplimentiert. Das Bündnis aber nahm ihm dieses Schreiben sehr übel. Er sei ein Nestbeschmutzer, hieß es. Der schmissbündliche Verfechter der Teilung der »Union«, sein oberster neuer Chef, saß weiterhin fest im Sessel.

Nach einiger Zeit wurde er mit weiteren Aufgaben betraut, zum Angebotswesen kamen die Arbeitsvorbereitung und die Akkordkalkulation hinzu. Um seine Macht zu brechen, wurde Jan in der Firmenhierarchie untergeordnet. Sein neuer Vorgesetzter war angehalten, ein Auge auf ihn zu haben. Jan überzeugte ihn von bestimmten sachlichen Notwendigkeiten, und als dieser sein Anliegen beim Spartenchef vertreten hatte, bekam er wiederum einen neuen Vorgesetzten, einen Quereinsteiger, frisch von der Uni. Es brachen mühselige Zeiten an. Als eine Sparte zum Verkauf anstand, war nun sein Chef bei den Verhandlungen dabei - ein schwerer Job für einen Neueinsteiger. Die Chefs des vermeintlichen Übernehmers forderten alsbald einen kompetenten Partner. Jan bekam die Aufgabe wieder übertragen, flog nach Berlin und überzeugte alle Beteiligten, dass die »Union« eine bessere Benchmark habe als die Übernehmergesellschaft. Die Sparte wurde daraufhin nicht verkauft. Danach wurden Kooperationsgespräche mit GE aufgenommen. Jan durfte in die USA, nach Albany Schenectaty, mitreisen. Es war seine erste Reise über den Atlantik. Nach diesen Gesprächen - er war als Fachbeistand für Kalkulationen für das Aushandeln des Preises verantwortlich - begann für ihn in der »Union« eine schwere Zeit. Er hatte die Sache mit dem Schreiben an die Politiker schon verdrängt, kämpfte um einen fairen Preis für die Bauteile, um das Unternehmen zu halten. Die Preisvorstellungen des mächtigen Partners waren um vieles geringer als die Kosten. Um Potenziale zu orten, mussten sorgfältige Zeitaufnahmen bei allen Arbeitsschritten durchgeführt werden. Neue Ideen waren gefragt. Eine seiner Ideen wurde überdurchschnittlich prämiert, was ihm viel Geld einbrachte und eine tolle Anerkennung war.

Konflikte blieben in dieser hektischen Zeit nicht aus, eine angespannte Situation ist immer für alle Beteiligten nervig. Jan übersah in seinem Arbeitseifer, dass er mit immer weniger Kompetenzen ausgestattet wurde, seine Chefs stellten ihm immer mehr »Beihilfen« zur Seite, obwohl er sie nicht brauchte. Eines Tages kam sein Vorgesetzter zu ihm und meinte, er solle es sich ein wenig leichter machen, er brauche ihn für »Sonderaufgaben«. Jan wusste nicht, was das bedeuten sollte und was beabsichtigt wurde. Er kämpfte um seine Abteilung, wurde aber in ein neues eigenes Büro - und damit weitab vom Tagesgeschäft - umquartiert, damit er auch, wie es hieß, allen anderen Spartenleitern dienlich sein könne.

Er richtete sein Büro ein, fühlte sich irgendwie von der Beförderung geehrt, war aber doch im Zweifel und er dachte zum ersten Mal über diese Vorgänge nach. Was wohl spielten die für ein Spiel? Er kannte nur Arbeit, nichts als Arbeit. Wenn er seinen neuen Chef im Hof traf, machte dieser einen Bogen um ihn. Wenn er überhaupt grüßte, war sein Gesicht gequält, er schaute ein wenig von unten, in seitlich gebückter Haltung, etwas schräg zu ihm auf. Jan wollte mit ihm über seine Aufgaben reden, bekam aber keinen Gesprächstermin. Nach vielen Wochen fragte ihn sein Chef, wie es ihm in seinem neuen Büro so gehe. Jan erwiderte, dass er sich eingerichtet habe und dass er ihm zur Verfügung stünde, sein Chef aber antwortete ihm, momentan mache das alles sein Nachfolger und er solle sich an diesen wegen einer Beschäftigung wenden, solle fragen, wo er denn für ihn, für seinen Nachfolger, seine Arbeitskraft einbringen könne. Eine grausame Erniedrigung.

Jetzt erst wusste Jan, was diese Herren für ein Spiel trieben. Seit seinem Schreiben an die Politiker hatten sie nur ein einziges Ziel verfolgt: ihn auf die grauslichste Art hinauszubringen, zu erreichen, dass er selbst kündige. Er verbrachte schlaflose Nächte, hatte das erste Mal wirklich Existenzangst. Seine Befugnisse im EDV-System wurden Tag für Tag um eine Berechtigung beschnitten. Einmal in der Woche kam der Belegschaftsrat vorbei, der jüngste Belegschaftsrat, mit dem Auftrag, ihm ans Herz zu legen, er solle doch kündigen. »Du wirst es hier so nicht lange aushalten.« Darauf folgten seine gewohnten Widerworte. Jan überlegte, ob er zu studieren beginnen solle, und schrieb sich an der betriebswirtschaftlichen Universität ein. Zeit zum Lernen hatte er ja genug; so begann er die faden Arbeitstage sinnvoll zu nutzen. Mit seinen Gedanken war er aber andauernd bei seiner Arbeit und konnte sich auf nichts anderes konzentrieren, war er doch in der Firma, um zu arbeiten.

Sechs Monate vergingen. Die Kollegen aus den benachbarten Büros besuchten ihn nie, nur einige wenige seiner ehemaligen Mitarbeiter kamen über den Hof spontan zur Tür herein. Sie hatten Angst, ihren Job zu verlieren, wenn sie zu Jan Kontakt suchten. Sie fragten ihn, was denn jetzt seine Aufgabe sei. Er musste ihnen antworten, dass er für nichts zuständig sei und in der Firma keine Arbeit habe. Sie bemitleideten ihn, was ihm aber wenig half. Der Belegschaftsrat tat wöchentlich seine Pflicht.

Jan wurde von Mitarbeitern abfällig beäugt: »Da sitzt einer im Turm«, sagten sie, »und wartet bis wieder acht Stunden vorbei sind.« Tag für Tag, Monat für Monat. So erfuhr er, dass Tage lang sein können. Er erfuhr, dass man sich nicht mehr bei Tisch wohlfühlt, er erfuhr, dass sich vormalige Kollegen mittags immer an einen anderen Tisch setzten, nicht mehr zu ihm. Es kam ihm so vor, als würde überall über ihn getuschelt. Er brach zusammen. Auf so eine Welt war er in seiner Heimat, in seiner Kindheit nicht vorbereitet worden. Er informierte als letzten Ausweg den Revisionshof über diese unlauteren Vorgänge, die auf die fragwürdige Teilung der Firma gefolgt waren. Er verließ das Haus nach einer Unterredung atemlos, heftigst hatten der Ministerialrat und der Herr Doktor auf ihn in einer kleinen fensterlosen Kammer eingeredet. Er verstand die Welt nicht mehr, hatte das Gefühl, er sitze in einem schlechten Film. In der Bundeshauptstadt ist es etwas rutschig, sagt man hier auf dem Land, recht haben, heißt noch lange nicht, recht bekommen. Man schlug sein Anliegen nieder, sie wollten keinen Ärger mehr.

Die eigenen Genossen, mit denen er mehr als fünfzehn Jahre zusammengearbeitet hatte und ihresgleichen Mitglied war, trieben dieses Spiel. Es wäre fairer gewesen, wenn sie ihm einfach gekündigt hätten. Aber dieses hinterhältige Spiel zu treiben, hatte System, diese Provinzapparatschicks waren erstmals gefordert und agierten in tierischer Lust. Sie täuschten die ganze Belegschaft in ihren Ausführungen zum Kampf für die Firma, sie hatten aber schon längst hinter verschlossenen Türen dem Verkauf zugestimmt. Alle Angestellten zahlten brav ihre Mitgliedsbeiträge an ihr Bündnis.

In dieser Zeit lernte Jan zwei interessante junge Menschen kennen, die irgendwie mit dem ehemaligen Chef einer Technikfirma verwandt waren. Als er in der Innenstadt von Auslage zu Auslage wandernd seine Zeit vertrieb, stand plötzlich ein Mädchen vor ihm und sprach ihn mit seinem Namen an. Er kannte dieses Mädchen nicht, hatte sie noch nie gesehen. Sie lud ihn zu sich zu einem Kaffee ein, das ließ er sich nicht entgehen. Als sie dort waren, öffnete sie behutsam die Tür ihrer Studentenwohnung. Es rief eine männliche Stimme vom oberen Stockwerk, er wollte nun flüchten. Doch das Mädchen nahm ihn am Arm und sie gingen nach oben. Ein smarter junger Mann streckte ihm seine Hand entgegen und bat ihn, Platz zu nehmen. Das Mädchen machte Kaffee. Der junge Mann fing an zu erzählen, sprach von Gott und der Welt und vom aktuellen Zeitgeschehen. Nach einiger Zeit fragte er Jan knapp und bestimmt, warum er denn die »Union« verlassen musste. Jan wunderte sich, dass dieser junge Mann davon wusste, obwohl sie dieses Thema zuvor nicht angesprochen hatten. Nun weihte ihn der junge Mann in sein Anliegen ein: Er fragte Jan, ob er ihm aufgrund seiner Erfahrungen bei der »Union« in einer anderen Sache helfen könne. Er erzählte ihm vom tragischen Tod des ehemaligen Chefs der Technikfirma, seinem Onkel. Dieser sei, so meinte er, bei einem sonderbaren Unfall verstorben. Jan ahnte, was der junge Mann andeutete, erschrak ein wenig und ignorierte seine Ahnung davon, welche Mechanismen hier am Werke gewesen waren, weil er es mit der Angst zu tun bekam, auch hier eingeweiht zu werden. Hatte er nicht selbst schon genug Probleme? Die Kaffeezeit wurde beendet. Doch es ließ ihn nicht mehr los, dass zwei junge, verzweifelte Menschen Gerechtigkeit suchten und anscheinend nirgends Gehör fanden.

Als er am Wochenende nach Hause zu seinen Eltern fuhr, war der Bürgerchef gerade in seinem Wald bei der Arbeit und ging bestiefelt an Jans Zufahrtsstraße entlang. Er winkte ihn heran, Jan hielt seinen Wagen und kurbelte das Autofenster herunter. Der Bürgerchef sprach ihn sofort auf den Tod des Chefs der Technikfirma an und bemerkte lapidar, der sei wohl auch früh und sonderbar unglücklich verstorben. Jan lief eine Gänsehaut über den Rücken, als er an die jungen Menschen dachte, die er vor ein paar Tagen getroffen hatte. Es verging einige Zeit, bis Jan, nachdem er drei Wochen nachgedacht hatte, wieder zu dem Haus der Studenten fuhr, um nochmals mit ihnen zu reden. Die Besitzerin öffnete ihm die Tür und sagte ihm, dass beide schon vor Wochen ausgezogen waren, ausziehen mussten, weil sie keinen Meldezettel vorweisen konnten. Somit waren sie beide für ihn spurlos verschwunden, auf Nimmerwiedersehen. Es folgten noch weitere Berichte über frühzeitig aus dem Leben geschiedene namhafte und bekannte Manager.

Eines Tages kam ein Exkollege auf Jan zu und riet ihm, sich auf eine ausgeschriebene Stelle zu bewerben. Er bewarb sich und bekam sie prompt, als wäre sie für ihn bestellt. Er arbeitete fast Tag und Nacht, so sehr war ihm nach Arbeit zumute. Er konnte sein Know-how in dieser Firma vorteilhaft einbringen. Als er das Kalkulationsprojekt fertig programmiert hatte, war sein Chef so begeistert, dass er sich eine Einschulung in das Programm erbat, bevor Jan in den Urlaub gehen wollte. Das Programm brachte unter anderem zutage, dass in der Vergangenheit falsche Kalkulationsansätze gewählt wurden, durch die viele kleine Aufträge zu schlechten Preisen angenommen worden waren. Bei den großen, lukrativen Aufträgen hatte man sich durch falsche Kalkulationen aus dem Markt manövriert. Nun hatte auch die kaufmännische Abteilung ihren gerechten Anteil am schlechten Geschäftsgang. Den Vertriebsmitarbeitern und ihren Vorgesetzten war damit geholfen, was aber den kaufmännischen Geschäftsführer ein wenig verstimmte.

Jan wurde durch die Arbeit an diesem Projekt für alle Techniker und Kaufleute der Ansprechpartner im Unternehmen, die Leute gingen bei ihm ein und aus, was seinem ihm direkt gegenübersitzenden Vorgesetzten sehr missfiel. Dieser wurde innerhalb einer Woche in das Programm eingeschult. Jan trat seinen Urlaub an, und als er zurückkam, rief ihn sein Chef zu sich, um ihm zu kündigen. Der Nachfolger, ein Student, kommentierte: »So ist es, der Alte geht und der Junge kommt, hast aber ein tolles Programm geschaffen.« Jan war einigermaßen befremdet und grübelte, was denn da wieder vor sich gegangen war. Vielleicht zeigte das Programm erst jetzt, wie viele Aufträge in der Vergangenheit durch falsche Ansätze unnötig verloren gegangen waren? Er verstand das Ansinnen seines Vorgesetzten nicht wirklich, machte sich darüber aber nicht zu viele Gedanken. Zu sehr beschäftigte ihn noch die Trennung von seiner vorherigen Firma, in der er so lange gearbeitet hatte.

Sein Programm war schließlich so gut gewesen, dass es sein Nachfolger, dieser Studiosus, in seiner Diplomarbeit als seine »Erfindung« in einer Tageszeitung veröffentlicht hatte. Als Jan das sah, traute er seinen Augen nicht. Ein Student hätte so ein Projekt nie und nimmer aus dem Ärmel schütteln können, an dem jahrzehntelang entwickelt worden war. Er ließ das die Tageszeitung und die Universität wissen. Bei späteren Begegnungen mit seinem enttarnten Nachfolger, auf der Straße oder in Lokalen, erhielt er nur stechende Blicke von ihm. In Jans Dienstzeugnis war keine Rede von diesem tollen und, wenn auch über Umwege, prämierten Projekt, keine Rede von Wohlwollen. Man schrieb ein monatsmittiges Austrittsdatum mit Anmerkung »im gegenseitigen Einvernehmen« hinein. Der Unmut des kaufmännischen Geschäftsführers war aufgrund der Ergebnisse des Projektes zu groß, man hat den Vertriebsgeschäftsführer unfairerweise für den Schuldigen am stagnierenden Geschäftsgang gehalten, nun aber hatten beide ihr Fett.

Danach zog Jan in die Bundeshauptstadt, in der Heimat fand er keine Jobs mehr. Er freute sich über eine Stelle im Konzerncontrolling.

In der ersten Zeit musste er sich beruflich wie privat einleben. Er mietete sich eine kleine, aber feine Wohnung. In seinen neuen Aufgabenbereich wurde er schnell eingeführt, zu den üblichen Aufgaben im Controlling kamen noch Anforderungen im Finanz- und Rechnungswesen hinzu, im Berichtswesen und in Bewertungen, Zusammenführung von Unternehmen, im Konzernrechnungswesen, Konsolidierung, Abwicklung von Hauptversammlungen usw. Er hatte noch nie so viel Neues gelernt wie in diesem Unternehmen. Viele Dienstreisen führten ihn zu den in Europa verstreuten Anlagenbaufirmen, die er betreuen durfte.

Seine erste große Aufgabe war es, im Zuge einer Fusion die operativen Ergebnisse beider Gruppen getrennt voneinander zu ermitteln. Er rechnete Tage und Nächte, zog viele Quervergleiche, um ein fundiertes Ergebnis vorzulegen. Schließlich ging es um die Vormachtstellung im gemeinsamen Konzern. Wer würde in Zukunft das Sagen haben - die eine oder die andere fusionierte Gruppe? Er brachte es in kurzer Zeit auf den Punkt: Die Standorte im Süden hatten ausgeglichene Bilanzen, jene im Norden waren zu hundert Prozent für den erheblichen Verlust verantwortlich. Er ging mit dieser Botschaft zum Finanzvorstand. Dieser sah ihn fassungslos an und schimpfte, ob er nicht ganz bei Trost sei, er solle wieder so hinausgehen, wie er hereingekommen sei. Er ging rückwärts hinaus und machte die Tür leise zu. Danach schickte der Vorstand ihm den Leiter des Finanz- und Rechnungswesens, um die operativen Ergebnisse gemeinsam auszuarbeiten. Jan erklärte seine Kontrollrechnungen, seine Überleitungen, und der Finanzchef fand nichts, was zu korrigieren war: »Ist so!«, meinte er. Jan empfand dies als eine Bestätigung seiner Arbeit. Sie gingen gemeinsam zum Finanzvorstand. Jan stand einen Schritt dahinter schweigend dabei, während der Finanzchef ruhig die Ergebnisse bestätigte. Wiederum brüllte der Vorstand, ob sie nicht wüssten, was gebraucht werde, und schickte sie zur Kontrolle wieder zurück. Sie haderten mit seinen Weisungen, waren doch die Unternehmenskennzahlen sehr genau, unter Rücksprache aller vormaligen Buchhalter und Finanzleiter abgeglichen worden. Ihr nächster Gang zum Vorstand begann ähnlich. Sie fragten ihn nun offen heraus, wie er es haben wolle, was sie zu tun hätten. Mit erhobenem Kopf befand dieser: »Ihr müsst euch geirrt haben, weil nicht sein kann, was nicht sein darf. Die Überschriften müssen getauscht werden.« Jetzt verstand der Finanzchef, nur Jan wandte mit besorgter Mimik und vorgestrecktem Kopfe ein, dass er sich in den Überschriften nicht geirrt habe, die Überschriften seien korrekt zugeordnet, gebühre doch jedem, was geleistet wurde. Der Vorstand antwortete unwirsch, er solle diese Berechnung dem Finanzchef aushändigen, es dabei belassen und sich neuer Aufgaben annehmen.

Der Süden musste negativ sein und der Norden positiv, weil der Norden der führenden Partei und dem Bündnis sehr nahe stand. Er traute seinen Augen nicht, wie hier getäuscht und die Entscheidungsgrundlage missbraucht wurde. Als aufgrund der manipulierten Ergebnisse Konsequenzen anstanden, nämlich Kosten zu sparen und Mitarbeiter abzubauen, sollte Jan die Konzernweisung dazu an den Betrieb schreiben, der eigentlich unter operativem Gesichtspunkt effektiv arbeitete, aber aus politischen Motiven fallen gelassen werden sollte. Jan gab die Tastatur seinem Vorgesetzten und bat ihn, es selbst zu tun. Zögernd nahm auch dieser davon Abstand. Das betroffene Unternehmen wurde sodann mit anderen Methoden ausgehungert und verkleinert. Es wäre fairer gewesen, den Mitarbeitern die Konzernstrategie aufrichtig mitzuteilen, da die Konzentration auf einen Standort im Geschäftsleben an sich nichts Ungewöhnliches ist. Immerhin begründen doch die Vorstände immer wieder ihr hohes Gehalt mit der Verantwortung, die sie tragen müssen.

Von nun an war das Verhältnis zum Finanzvorstand getrübt und es renkte sich nie wieder ganz ein. Jan baute seine Beziehungen zum Technikvorstand, der für die Engineeringgruppe zuständig war, auf und konnte so seinen Aufgabenbereich weiter bereichern. Er war in den Augen des Technikvorstandes »ein Großmeister des Rechnungswesens und Controllings«. Im Ressort des Finanzvorstandes wurden die Mitarbeiter oftmals aus unerklärlichen Gründen ausgewechselt. In Jans dreijähriger Dienstzugehörigkeit waren sieben Mitarbeiter erst nach ihm gekommen, aber noch vor ihm, freiwillig oder unfreiwillig, gegangen. Er war nun schon ein Oldie, ein »alter Hase« und erfahren. Eines Tages kam es zu einem erheblichen Konflikt zwischen dem Technik- und dem Finanzvorstand, seinem Chef. Eifersüchteleien waren wegen eines neuen Mehrjahresdatenberichtes entstanden, der im Konzern sehr geschätzt wurde. Jan überstand diese Eifersüchteleien nicht, er wurde gekündigt. Die Chemie stimme nicht mehr so recht, übermittelte sein direkter Vorgesetzter ihm mit zittriger Stimme, zu sehr stand dieser selbst seitens des Finanzvorstands unter Druck. Alle wunderten sich, warum das passierte. Der Technikvorstand wiegte sich in falscher Sicherheit, weil man dort die Angelegenheit als Gentlemen's-Agreement betrachtet hatte. Jan ließ den Aufsichtsratsvorsitzenden wissen, was geschehen war und dieser bedankte sich für die Information. Bei nächster Gelegenheit »verließen« der Finanzvorstand, der Personalchef und der Vorstandsvorsitzende den Konzern.

Für Jan folgte eine Zeit der Arbeitslosigkeit. In den Absageschreiben gab es eigenartige Formulierungen und Hinweise.

Im Rahmen einer intensiven Arbeitsplatzvermittlung las er eines Tages ein unscheinbares Inserat, woraufhin er bei seinem Vorstellungsgespräch einen seinerzeit in der Bundeshauptstadt mächtig gewesenen Mann kennenlernte. Sein Kollege, es war der Sachverständige der »Union«-Teilung, war von Jans Bewerbung nicht sehr begeistert, weil er nun bei den Jahresabschlüssen mit ihm zusammenarbeiten müsste. Der alte Mann unterstützte ihn trotz aller Interventionen seines Kollegen mit Erfolg, und Jan wurde Mitarbeiter in der Gruppe Finanzwesen eines staatsnahen Unternehmens. Man brauchte dort jemanden, der das Rechnungswesen und ein gutes Controlling beherrschte. Im Laufe der Zeit arbeiteten sie alle gut und vertrauensvoll zusammen.

Sein direkter Vorgesetzter war ein netter, offener und ehrlicher Mensch, der ein tolles und freundliches Team um sich versammelt hatte. Das Projekt selbst war anfangs schwierig, weil die Bediensteten auf keinen Fall ausgegliedert werden wollten, was mitunter auch wirtschaftlich unsinnig war und nur wegen der Maastrichtkriterien veranlasst wurde. Keiner wollte Jan bei der Eröffnungsbilanz unterstützen, alle schickten ihn wochenlang im Kreis weiter, sodass er eines Tages frühmorgens zweimal ums Haus ging und über eine Kündigung nachdachte. Er schaffte es jedoch, sich bei seinem Rundgang neu zu motivieren, und mit wiedergefundenem Elan und mit Unterstützung von seinem Chef Hannes zerbröselten die Widerstände. Nach und nach wurden die Geschäftsführer installiert. Zuerst der technische Geschäftsführer. Sein Vorgesetzter fragte ihn eines Tages überraschend, ob er die Leitung des Finanz- und Rechnungswesens übernehmen wolle, weil der neue Geschäftsführer seine Gruppe neu aufstelle. Er bewarb sich sofort und bekam die Stelle mit einigen Auflagen und einer Gehaltszusage, die nie eingehalten wurde, wie sich später herausstellte. Der Geschäftsführer brauchte aber für die kaufmännischen Belange Unterstützung und ließ Jan einen sehr großen, seinen Aufgaben angemessenen Freiraum.

Jan baute im Zuge des Projektes sehr gute Kontakte zum Eigentümer der Firma auf und war oft in dessen Palais eingeladen. Es eröffneten sich ihm neue Themen betreffend eine Non-Profit-Unternehmung, eine Aufgabe, die Jan sehr gelegen kam. Er überarbeitete das vorhandene Konzept der Ausgliederungen in ökonomischer Hinsicht. Eine derartige Firma ist anders strukturiert als ein reines Privatunternehmen. Sind in einem Privatunternehmen zur Unternehmensfortführung kalkulatorische Ansätze wertvoll, so hat es bei einem derartigen NPU keinen Sinn, kalkulatorische Kostenteile in die Verrechnungspreise einzurechnen. Nach dieser Methode waren die liquiden Mittel übermäßig angewachsen, es war kein guter Ansatz gewählt worden. So bemühte sich Jan, mit einem neuen Ansatz beim Eigentümer Gehör zu finden, damit nicht einerseits teures Geld vom Kapitalmarkt aufgenommen werden musste, und andererseits die Firma dieses Geld ungenutzt liegen hatte und weiter veranlagen musste. Der Zinsendienst war ein Verlust. Seine Überlegungen lösten viel Freude beim Eigentümer aus, seinen Chef jedoch überkam ein Schaudern: Man hatte ein wenig knapper kalkulieren müssen. Gleichwohl, knapp war es immer noch nicht, sie hatten nur den Überhang verkleinert.

Während die Eröffnungsbilanz erstellt und die Geschäftsfälle aufgearbeitet wurden, ereigneten sich mehrere interessante Vorkommnisse. Jan wunderte sich, warum in diesem NPU die Leasinggeschäftsfälle um so vieles anders gehandhabt wurden als in der Privatwirtschaft, scheinbar sogar den Gesetzen zuwider. Natürlich schien alles durch Verträge geregelt, doch die vorherrschende Rechtsmeinung und die Lehre waren anders als die abgeschlossenen Verträge. Die Leasinggeschäfte hatten alle nur Finanzierungscharakter und somit hätten die Anlagen beim NPU aktiviert werden müssen. Der Leasinggeber (ein Lieferant) hätte von Rechts wegen keine Möglichkeit gehabt, den Investitionsfreibetrag zu erhalten. Die Verträge wurden allerdings so abgefasst, dass dies vermeintlich möglich war. Da Milliarden investiert wurden, war ein Investitionsfreibetrag im zweistelligen Prozentsatz ein lukratives Geschäft für die großen Konzerne, die das Zentrum belieferten.

Jan wandte sich an seinen Steuerberater und diskutierte diesen Sachverhalt mit ihm. Auch er war der Auffassung, dass im Sinne des Gesetzes die Anlagen schon immer beim NPU und nunmehr erst recht beim Zentrum zu aktivieren seien. Der Steuerberater, ein gewissenhafter Mann, wandte sich damit an den Großkonzern. Nach einer Weile teilte er Jan telefonisch mit, er sei mit diesem Anliegen nicht durchgekommen, sondern hinausgeworfen worden. Das ließ sich Jan nun aber nicht gefallen und er rief selbst beim besagten Unternehmen an. Es meldete sich ein Mann mit ruhiger Stimme und belehrte ihn über die hier gängige Form der Verträge. Jan entgegnete, Verträge könne man schreiben, wie man es wolle. Daraufhin wurde der Mann deutlicher und riet, er solle sich lieber nicht darum kümmern, er solle an seine Zukunft denken und an die Zukunft seiner Kinder, denn diese bräuchten ja auch einmal einen Job. Diese Drohung saß ihm tief im Nacken. Wenn schon eine Auseinandersetzung stattfinden musste, dachte er, dann unter uns. Dass diese ehrenwerte Gesellschaft auch die Nachkommen mit einbezog, war ein schwerer Schock für ihn. Wie sich später herausstellte, war die Drohung ernst gemeint. Es fragt sich, warum diese Herren so agieren. Was wollen sie erreichen oder wovor, vor wem fürchten sie sich, zu Recht oder zu Unrecht? Sind die Symbole, die sie tragen, diese Käppchen, Zeichen der Zugehörigkeit zu einer Gruppe, einer Lobby? Warum hängen sich gerade Männer diese Beschilderungen um, zeigen sie damit den Frauen ihre Pfründe, beweisen sie ihre Macht?

Der rechtschaffene Steuerberater verlor daraufhin seinen Auftrag, was unerklärlich war, wäre doch die Änderung der Leasingverträge für das Zentrum selbst vorteilhaft gewesen. Es sollte ihnen doch an solchen Erkenntnissen gelegen sein. Lob wäre eine angemessene Reaktion gewesen.

Nach einiger Zeit wurde auch die kaufmännische Geschäftsführung besetzt. Ein Parteifreund des »Sekretärs« wurde über Nacht nominiert, alle vorangegangenen Hearing-Gespräche mit - wie man hörte - kompetenten Managern waren umsonst gewesen. Er wurde Jans Vorgesetzter. Bei seinem Antritt teilte er sofort Jans Abteilung in Finanzwesen und Controlling auf und nahm ihm somit den besten Programmierer und hausinternen Sachkundigen weg. Jan bemühte sich nun wiederum um neue Mitarbeiter und hatte bei seiner Suche großes Glück, vielleicht auch ein spezielles Talent, Mitarbeiter richtig auszuwählen: Er formte ein tolles, herzliches und kompetentes Team. Gleichzeitig begann wieder eine schwere Zeit für ihn. Dass dieser Geschäftsführer aus jenem Kreis von Leuten stammte, die ihm aufgrund seiner redlichen Vergangenheit, an der sich Mächtigere als er störten, Prügel zwischen die Füße warfen, ließ nichts Gutes erahnen.

Sein neuer Chef ließ sich von ihm schulen. Jede organisatorische Kleinigkeit, die die Arbeit mit dem Eigentümer betraf, ließ er sich von ihm ausarbeiten und suchte fortwährend seinen Rat. Oft hatte Jan für seine eigentliche Arbeit zu wenig Zeit und musste sie zu Hause erledigen. Er musste sein eigenes Accounting-Manual seinem Chef aushändigen, welches er aufgrund der Unternehmensausgliederung für seine Dokumentation erstellt hatte, obwohl der Geschäftsführer selbst damit nicht wirklich arbeitete. Den Sinn dieses Manövers erkannte Jan erst viel später: Seine Wunschkandidatin hatte sich mit diesen Unterlagen während ihrer Arbeitslosigkeit auf Jans Nachfolge vorbereiten können.

Im Zuge der Einarbeitung und Einschulung des Geschäftsführers kamen fürchterliche Eifersüchteleien zutage: Immer, wenn ohne sein Wissen mit dem Eigentümer telefoniert wurde oder sogar Treffen stattfanden, tobte er vor Wut. Es dauerte nicht lange, da bekam Jan eine Dienstanweisung, die ihm jeglichen Kontakt zum Eigentümer verbot. Dies war die erste schwere Verstimmung, und nach Jans Ansicht gar nicht notwendig.

Jan erhielt massenhaft Anweisungen per E-Mail, äußerte er Widerspruch, wurde ihm jedes Mal die Kündigung angedroht. Wenn Jan darauf hinwies, dass eine Anweisung dem Eigentümer missfallen könnte - immerhin waren Anweisungen zur Bilanzfälschung darunter - wurde die Weisung zurückgezogen und Jan für seine Aufmerksamkeit belobigt, danach gab es sofort wieder neue Anweisungen und nach entsprechendem Hinweis auf Gefahren wieder Rückzieher und Belobigungen. Der Geschäftsführer manövrierte sich damit in eine missliche Lage, die auch bei vielen Kollegen nur mehr Kopfschütteln auslöste. In Managementsitzungen begann der Chef, Jan unvermittelt anzugreifen und verlor dabei nicht selten die Beherrschung. Jan aber berichtete immer für alle verständlich und sachlich über die Ergebnisse seiner und ihrer Arbeit und brachte die Dinge immer auf den Punkt. Die verbalen Attacken des Geschäftsführers wurden regelmäßig von den Leitungskollegen missbilligt.

Nach einem weiteren Schlagabtausch rief der Geschäftsführer Jan eines Tages zu sich ins Büro und fragte ihn, welche beruflichen Ziele er habe, ob er den Posten des Geschäftsführers anstrebe. Jan antwortete wiederum ruhig und sachlich, dass ihn eine solche Position sehr reizen würde. Das Gesicht des Geschäftsführers verfärbte sich, er konnte kaum mehr ruhig sitzen und rutschte mit dem Sessel hin und her, vor und zurück; der Teppich wellte sich unter der schweren Last. Er fragte ihn, ob er denn schon eine Stelle in Aussicht habe und wann er denn kündigen würde, er bräuchte ihn doch noch so dringend. Jan blickte ihn an und erwiderte, dass es bisher nur ein Wunsch sei und nichts Konkretes in Aussicht stehe, er habe dafür ja noch einige Jahre Zeit.

Seinen Chef bekam nun Fracksausen. Er dachte, dass Jan sich auf seine Nachfolge, vielleicht in fünf Jahren, vorbereite, um ihm dann seinen Platz strittig zu machen. »Werden Sie sich um diesen Platz bewerben?« Jan zuckte schweigend mit den Schultern. Sodann kam der Totalangriff, es hagelte E-Mails, die laufend widerrufen wurden. Auch gegenüber den Eigentümern verleumdete er Jan und fragte ihn schließlich direkt, ob er denn nicht wisse, dass er ihm kündigen wolle, weil kein Vertrauen mehr bestehe. Die zukünftige Nachfolgerin hatte sich inzwischen gut eingelesen, ihre Fragen leitete der Geschäftsführer an Jan zur Beantwortung weiter. Baldigst gab er in einer Aufsichtsratssitzung bekannt, dass er sich von Jan trennen wolle. Der Aufsichtsrat, der normalerweise nichts mit den Personalentscheidungen des Geschäftsführers zu tun hatte, war verwundert über die Bekanntmachung. Aus Feigheit und schlechtem Gewissen zog der Chef den Aufsichtsrat in dieses Geschehen mit hinein, was man nicht gerade als ehrwürdiges Verhalten eines gut bezahlten Managers bezeichnen konnte, zumal jener sich seine Position durch Klüngeln erschlichen hatte und, wie es schien, weder sachlich noch menschlich dessen Anforderungen gewachsen war.

Der »Geschäftsführer« ließ ihn die Bilanz fertigstellen, seine baldige Nachfolgerin im Finanzwesen war schon im Haus. In einer Bilanzbesprechung mit dem Prüfer kündigte Jan nach der Besprechung an, den Fenstertag, einen Freitag, freizunehmen. Er hatte massenweise Überstunden und ein Urlaubsguthaben. Von der Geschäftsführung kam kein Widerspruch. Am Ende des Tages verkündete Jan in seiner nun neuen Position als Revisor, welche ihm in der Sitzung abrupt übertragen worden war, die nächsten Vorhaben nach dem Kurzurlaub. Diese Ankündigung, bestehend aus drei brisanten Sachverhalten, kam der Geschäftsführung nicht gelegen. Einen ehemaligen Finanzchef mache man auch nicht zum Revisor, da werde der Bock zum Gärtner. Es handelte sich bei den Problemfällen unter anderem um ein sündhaft teures Projekt, das man von den Hoflieferanten gekauft hatte, das aber niemand technisch installieren konnte. Die Techniker hatten auf dieses Problem noch vor dem Kauf hingewiesen. Die Lobby der Lieferanten setzte sich trotzdem durch, und so wurde es gekauft. Zudem waren Drucker zum doppelten Preis angeschafft worden - wieder vom selben Lieferanten des Hauses - mit der fadenscheinigen Begründung, dass sie ins übrige System passen müssten. Eine Erklärung, die einem Techniker und selbst einem normal denkenden Menschen unverständlich war, wo doch Drucker als unintelligentes Hardwareprodukt heutzutage immer kompatibel sind. Des Weiteren bevorzugte man bei der Vergabe der SAP-Einführung eine Tochter dieses Hoflieferanten - ein Unternehmen aus dem tiefen Norden Europas -, obwohl ein kompetentes Unternehmen mit gleichen Preisen gleich um die Ecke ansässig war, wo die Folge- und Servicekosten sodann viel geringer, die Anforderung von Serviceleistungen um vieles einfacher gewesen wären.

Die Geschäftsführung inszenierte seinen Urlaubtag als unerlaubtes Fernbleiben - die Bilanz war ja fertig, wie der Wirtschaftsprüfer in jener Sitzung bestätigt hatte - und begründete damit sein Ausscheiden aus dem Unternehmen. Erst nach Tagen übermittelte man ihm die fristlose Kündigung am Telefon. Er informierte daraufhin den Aufsichtsrat und deutete auch die wahren Gründe für dieses Vorgehen an. Der Aufsichtsrat konfrontierte die Geschäftsführung mit dieser Version der Tatsachen und auch mit dem Vorwurf der Bilanzmanipulation. Eine interne Verhandlung, eine Art Tribunal wurde angestrengt. Jan ersuchte den Belegschaftsrat der ÖDG um Unterstützung. Dieser erklärte sich postwendend für nicht zuständig. So ging er in die PAG und erbat dort eine Anhörung. Ein einziger Gewerkschaftler sagte zu, sich dieser Sache anzunehmen. Der PAG-Sekretär setzte eine Klage auf, weil eine fristlose Kündigung nicht erst nach Ablauf mehrerer Tage, sondern sofort ausgesprochen werden muss. Außerdem war der Grund für die Inanspruchnahme des Fenstertages legitim, und der Geschäftsführung und dem Unternehmen war daraus kein Schaden entstanden. Zudem hatte er durch seine sachliche Kritik weder Firma noch Geschäftsführung geschädigt.

In einer der anschließenden Sitzungen - es waren sechs Vertreter der Firma zugegen, Jan war ein Rechtsbeistand verwehrt worden - ereignete sich folgende Szene: Der Belegschaftsrat schrie völlig aus dem Häuschen, auf Zehenspitzen stehend, über den Tisch gebeugt, sein Schwerpunkt bedrohlich in Grenzlage und drohte jederzeit in Jans Hände zu fallen. Er sei rechtlos!, brüllte er, er ruiniere die Firma. Dabei verfügte die Firma über satte zweiundzwanzig Millionen Euro Dauerkassenbestand oder sogar noch mehr, also keine Rede von ruinieren. Der PAG-Sekretär war von den Tribunalmitgliedern falsch informiert worden und hatte daraufhin die vorher ausgemachte Abschlagssumme um zwei Drittel gesenkt. Damit waren die Abfertigung und die rechtmäßige Nachzahlung der großen Überstundenpauschale gedeckt, nicht aber die neunundfünfzig Urlaubstage, die er nicht in Anspruch genommen hatte und die er nicht ausbezahlt bekam. Mit höhnischem Lächeln wurde ihm auch die Nachzahlung der Leitungszulage, welche alle anderen gleichrangigen Abteilungsleiter bekamen, verwehrt. Eine nachträgliche Anfrage beim Eigentümer wurde nie beantwortet. Man drohte ihm, er werde gegenüber der mächtigen Geldprokuratur in einem Jahre dauernden Rechtsstreit finanziell und persönlich untergehen. Unter großem Druck schloss Jan eine Vereinbarung - hilflos angesichts der Übermacht der anderen - um nach zwei Wochen und der Erschöpfung nahe eine Nacht durchschlafen zu können. Die Abmachung beinhaltete absolutes Stillschweigen. Jedes Mal, wenn er jemandem erzählen würde, was ihm widerfahren war, würde er eine Strafe von siebentausenddreihundert Euro zahlen müssen. So waren alle Mitwisser vor den Augen der Öffentlichkeit geschützt und die Wahrheit würde nie ans Licht kommen. Diese aufgezwungene Vereinbarung macht deutlich, wie die Mächtigen das Recht beugen und rücksichtslos ihre Interessen durchsetzen.

Budgets müssen bis Ende eines Jahres verbraucht werden, damit die einzelnen Ressorts für die kommenden Jahre den Umfang des Budgets beibehalten. Also werden alle noch verfügbaren Mittel bis Jahresende in Investitionen umgesetzt, auch wenn sie nicht unbedingt sinnvoll sind. Die Haus- und Hoflieferanten ziehen den Vorteil daraus. Diese Großlieferanten stellen in allen Ressorts auf oberster Ebene ihren Fuß in die Tür und fragen ungeniert, ob es noch Budgets auszuschöpfen gibt. Um das Geld auszugeben, wird großzügig über überhöhte Preise hinweggesehen. Vieles an Volksvermögen wird dadurch vergeudet. Auswüchse dieser Praxis gehen sogar so weit, dass vorschnell Geld in Form von Anzahlungen an Lieferanten überwiesen wird und erst im Nachhinein werden mühsam die Projekte dazu geschmiedet, die dann womöglich im Lager und in Schubladen verstauben. Angesichts der herrschenden Finanznöte in sozialen Bereichen und der steigenden Neuverschuldung ist dies eine wahrlich ungute Vorgehensweise. Dieses Geld hatte Jan dem Volk für die Zukunft zurückgeben wollen, deswegen musste er gehen. Er wurde mit Duldung und im Mitwissen des Eigentümers ausgebootet und war ohnmächtig den Machenschaften ausgeliefert.

Warum solch eine Vorgehensweise im Umfeld dieses renommierten Eigentümers möglich war, ist nicht einzusehen und besonders eigenartig, weil gerade von solchen Institutionen ein großherzigeres und faireres Verhalten erwartet wird.

Nach einer Weile kontaktierte er nochmals den »Sekretär« in dieser Angelegenheit, übergab ihm ein Schreiben, in dem die Sachverhalte beschrieben waren, bekam aber keine Antwort. Diese Vergehen schienen von allen Seiten gedeckt zu werden. Ein namhaftes Prüfunternehmen übernahm die Untersuchung, legte mit seinem Gutachten den weißen Mantel der Rechtmäßigkeit über die Geschehnisse. Damit waren alle vermeintlich reingewaschen. Diese Vorgehensweise hat System, die Großlobbyisten haben für ihre Interessen alle Macht, für diese Art Gutachten, die helfen, das Recht zu beugen, bekommen sie teures Geld, hart verdientes Bürgergeld.

Danach wurde Jan bei seiner Arbeitssuche von allen öffentlichen Institutionen ausgesperrt. Bei einer Bewerbung kam ihm zu Ohren: »So gerne hätte ich ihn gehabt, wie erklären wir ihm jetzt, dass wir ihn nicht nehmen dürfen?« Er bewarb sich auch am Revisionshof, hatte er doch einschlägige Erfahrungen, wie alles in den Ressorts gehandhabt wurde, leider gab es auch dort keinen Job für ihn. Jan empfand das als äußerst unfair, hatte er doch seine Arbeit immer ordentlich, rechtmäßig und sauber erledigt.

Langzeitarbeitslosigkeit

Bei seiner erneuten Suche nach einem entsprechenden Job wurde ihm die außerordentliche Macht dieser ehrenwerten Gesellen bewusst. Er blieb arbeitslos, obwohl er hoch qualifiziert war, bestens Mitarbeiter führte und Ethik und Sauberkeit im Beruf für ihn besonders wichtig sind. Der Dank dafür: Er bekam keine Arbeit mehr.

Es kam ihm die Idee, sich in die Selbstständigkeit zu wagen. Er verschaffte sich einen Befähigungsnachweis bei der Kammer - oh du liebes Österreich - und wollte unbedingt die Unternehmensbewertung und noch einige wenige Punkte zum klassischen Rechnungswesen bewilligt haben. Dies wurde ihm verwehrt. Seine Methode war für Bewertungen perfekt geeignet - durch die »Erweiterte Zahlungsstromergebnisrechnung« und die »Überleitungen zum operativen Ergebnis« werden alle »Luftburgen«-Bewertungen offen gelegt. Die Befugnisse für eine Selbstständigkeit waren ihm zu sehr beschränkt, insbesondere die Agenden des Reorganisationsprüfers und des Sanierungssachverständigen wären ihm wichtig gewesen. Bei einem Auftrag in Spittal wurde er abermals von der KM-Lobby bei der Konzeptvorstellung entdeckt und danach für immer ausgebremst.

Anschließend wollte er als Alternative, mehr noch als Ausweg, sein abgebrochenes Studium an einer Fachhochschule in Graz wieder aufnehmen, um seinem ersehnten Beruf nachkommen zu können. In der Aufnahmeprüfung gab es Aufgaben zu lösen, die mit dem Fach nichts zu tun hatten, er musste Kästchen und Kreise zuordnen, Buchstaben reihen, Ziffern aneinanderstellen, Fragen aus der griechischen Mythologie beantworten. Daraus wollten die Entscheidungsträger der Aufnahmekommission erkennen, ob einer für das Rechnungswesenstudium befähigt war oder nicht. Er schaffte die »Prüfung« nicht, fragte jedoch in der Nachbesprechung nicht nach, woran er gescheitert war, zu kindisch waren ihm die Auswahlkriterien. So erfuhr er, dass er bei der Ziffernreihung null (!) Punkte erreicht hatte, was ihm suspekt war. Er fand es merkwürdig, dass man ihm deswegen das Studium verwehrte, denn gerade die Ziffernreihung hätte er dort studieren können. Zwanzig Jahre Berufserfahrung wurden negiert. Die Testbewertung bekam er auch auf seine Anfrage hin nicht ausgehändigt, »alle Tests bleiben unter Verschluss«, hieß es. Besonders war ihm die lakonische Nachfrage der Prüfungskommissarin aufgestoßen, die sich auf das Berichts- und Controlling-Tool bezog, das er im selben Hause und an der Stelle, wo er seine gewünschte Berufsbefähigung aberkannt bekommen hatte als E-Mail zur Probe eingesandt hatte. Er konnte der Nachfrage nun entnehmen, dass sein Tool auch im FH-Camp bekannt war. So war es für ihn eher aus diesem Grund erklärlich, dass er einen abschlägigen Bescheid erhielt. Das Tool wurde von der mächtigen Lobby bekämpft und alle hatten sich ihr gebeugt, sich prostituiert.

Danach versuchte Jan an der regulären Universität sein Studium wieder aufzunehmen. Ein Gesuch, von einigen

Lehrveranstaltungen befreit zu werden, wurde auch nach einem Jahr nicht beantwortet; das Ersuchen ist für alle Zeit in Verstoß geraten. Er traf in den heiligen Hallen der Universität einen Lobbyisten, einen ergrauten Professor.

Um sich angesichts seiner nunmehr zwei Jahre dauernden Arbeitslosigkeit ein wenig das Taschengeld aufzubessern, versuchte er sein Werk über verschiedenste Institutionen zu vertreiben. Doch jeglicher Erfolg wurde an oberster Stelle verbaut, die Fachbereiche, an die er es zur Sichtung gesandt hatte, waren immer höchst erstaunt. Ein Wirtschaftsverlag hatte selbst damit angefangen, etwas Derartiges als Download anzubieten. Als er sein fertiges Tool bei diesem Verlag vorstellte, war man zunächst begeistert: Drei Monate danach kam überraschend die Absage, mit der Begründung, dass das Tool nicht dem primären Geschäftsfeld entspreche, die Vertriebsleiterin war sodann für ihn nicht mehr zu erreichen. Gleichzeitig aber wurde ihm mitgeteilt, dass gleichartige Excel-Tools in ihr Programm aufgenommen seien. Man hatte Jans Idee kopiert im Wissen, dass sich ein Arbeitsloser keinen Anwalt leisten kann. Das Werk war gut, günstig und eine hervorragende Bilanzierungshilfe und ließ sich als E-Mail-Anhang oder im Download vertreiben. Eine solche Konkurrenz sollte man schon im Keim vernichten, wenn es sein muss, auch durch eine Anlassgesetzgebung. So entschloss sich Jan, sein Tool gratis an Unternehmen weiterzugeben, was alle anderen sehr erboste. In redlicher Bemühung, eine geeignete Plattform für den Download zu finden, vergingen zehn Monate und es fand sich weiterhin keine Möglichkeit. Dann vertrieb er es selbst per E-Mail und über seine Homepage. Jan fühlte sich auch hier im Stich gelassen.

Er bewarb sich um mehrere Lehraufträge, er wollte auch in den Projektunterricht seine Methode und sein Wissen einbringen. Leider wurde ihm auch hier jedes Mal abgesagt. Erstaunliche Erfahrungen machte er, als er sich über die Botschaften in die neuen EU-Länder bewarb. Eine österreichische Institution meldete sich aus Ungarn - ihr war sein Schritt zu Gehör gekommen - und bot eine Zusammenarbeit an. Er hatte sich angesichts der Aussichtslosigkeit, in seinem Heimatland eine Stelle zu finden, auf die aufreibende Suche nach Arbeit in anderen Ländern und deren Institutionen gewandt und wurde nun auf Umwegen wieder eingefangen. Gerne willigte Jan in die Zusammenarbeit ein, leider wurde er über Jahre hinweg vergessen. Auf nichts war Verlass, verließ man sich, war man verlassen. So schien es wohl zu sein. Oder waren das alles nur Beruhigungen, um ihm in der Zeit seiner Arbeitslosigkeit indirekt eine Botschaft mitzuteilen? Aber warum wurde diese Botschaft nicht ausgesprochen, war sie nicht gesellschaftsfähig? In diesen Kreisen werden Mediatoren ausgebildet und angepriesen. Macht man jemanden zuerst fertig, um ihm dann eine teure Beratung durch einen Mediator anzubieten? Es scheint ähnlich wie bei den Steuergesetzen zu sein: Man hält alles höchst kompliziert und schwierig und bietet dann eine Beratung an.

Jans Berichtsmethodik wäre auch ein sehr gutes Lernmittel für alle Wirtschaftsstudenten, weil sie ein Unternehmen umfassend abbildet. Viele Studenten könnten nach ihrem abgeschlossenen Studium auf diese Weise Gutes tun. Vielleicht aber wird praxisrelevantes Wissen in der Lehre unterdrückt, weil man sich keine Konkurrenz heranzüchten will. Jan stellte sein Tool der Studentenvertretung in Wien zur kostenlosen Weitergabe zur Verfügung, musste aber auch hier hinnehmen, dass es den Studierenden vorenthalten wurde. Hier hatte sich eine Frau prostituiert.

Nach einer Durststrecke fand er eine Stelle in seiner Heimat: eine kaufmännische Führungsposition in einem Hausbetrieb. Er bilanzierte aus dem Stand und ohne viel Unterstützung die Unternehmen der Gruppe in der Hälfte der gewohnten Zeit, was ihm großes Lob vom Chef einbrachte. Die »baulichen Unebenheiten, sogar völlig stumpfe Bleistifte rollten von den Tischen«, die ihm in dieser Stelle auffielen und die Reaktionen, die er darauf erntete, waren ihm Anlass genug, sich nach eineinhalb Jahren zu trennen. Nach der einvernehmlichen Lösung des Dienstverhältnisses war er sehr erleichtert. Wieder einmal arbeitslos. Nach einem Jahr fand er eine Aushilfsstelle in einem Rot-Newton-Club; ein Kostenrechnungsprojekt war zu machen, auch Vorsteuern waren dort eine Einnahmequelle, sie sprudelten Jahr für Jahr, was er sehr eigenartig fand. Nach einer Diskussion darüber wurde er entlassen: Der ist für Höheres bestimmt, hieß es. Arbeitslos. Dabei kam ihm erstmals der Gedanke, einen Beitrag zu einer anständigeren und humaneren Geschäftswelt zu leisten und er brachte seine Idee des »Mehrjahresdatenberichts für Unternehmen« in den dafür zuständigen Institutionen der Europäischen Union ein, was ihm aber in Konfrontation mit der europaweit agierenden KM-Großlobby brachte. Man setzte ihn auf eine Art schwarze Liste, was ihm bei allen folgenden Bewerbungen sehr hinderlich bleiben sollte.

Jan suchte europaweit einen Job, war teilweise als Tagelöhner tätig, teilweise befristet angestellt, größtenteils der Zeit ohne Arbeit. Als er im hintersten Winkel, am Waldesrand in Niederösterreich, eine Stelle fand, war er sehr froh darüber; die Menschen dort waren sehr nett. Er fühlte sich in dieser Abgeschiedenheit in Sicherheit, in dieser Gegend würde er für die Lobby unauffindbar bleiben, hoffte er. Er bekam baldigst die Finanzleitung eines übernommenen Betriebes übertragen, wiederum weitab von der Großstadt, sehr weit in den Bergen versteckt, nur durch einen Tunnel erreichbar. Doch der neue Geschäftsführer gehörte wiederum zur KM-Lobby, welche sich auf Konzernebene festgesaugt hatte. Ihm oblag sodann nach der Neuordnung des Rechnungswesens nur mehr der Auftrag, die Zwischenbilanz und eine Forecast-Rechnung bis zum Jahresende zu erfüllen. Jan verlor wieder seine Stelle, ein weiteres Mal durch einen Gesandten der Lobby. Diese arbeiten im Auftrag der Hintermänner der Parteizentrale, der Illuminati. Herr Gewerke, der Eigentümer des Unternehmens, wurde daraufhin informiert, er solle auf sein Unternehmen aufpassen, »dass nicht die Stiftung geht stiften«. Von der Jobmarktorganisation SAM, welche der Partei und dem Bündnis sehr nahe steht, bekam er wenig Unterstützung. Er suchte sich selbst die entsprechenden Stellen, die Positionen, wo die Vergabe dem SAM vorenthalten war, bekam er nicht. Man ließ ihm diese Stellenangebote nicht einmal zukommen. Nicht selten, wenn er selbst eine dieser Stellen ausfindig gemacht hatte und sie für ihn reklamierte, bekam er harsche Antworten: »die Stelle ist für jemand anderen gedacht«, hieß es immer wieder. Auch eine persönliche Vorsprache beim Leiter der Dienststelle, Schnee vom SAM, half nichts. Lächelnd sagte er ihm: wir haben nichts für sie. Um ihm eines drauf zu geben, steckte man ihn in eine Schulungsmaßnahme. Er kam als Ingenieur in die Gruppe der Hilfsarbeiter. Auf seine Frage hin, was er denn hier lernen sollte, bekam er die Antwort: schauen sie ins „Programm". Es wurden Deutschkurse für Ausländer, Staplerkurse und Schweißerkurse angeboten. Vor Weihnachten meldete er sich vom SAM in der Menschenrechtsstadt ab und ging nach Wien. Auf die Frage des MAS-Bediensteten: was machen sie in Wien, sie können sich nicht so einfach von der „Schulung" abmelden, gab er diesen Provinzler die Antwort: Ich gehe nach Wien um dort eine entsprechende Arbeit zu suchen, und ich will euch nie wieder sehen. Nach vielen Monaten fand er eine neue Stelle, bei dieser Ausschreibung passierte den nachhackenden Provinznetzwerkern bei ihrer Intervention an die Hofdiener ein entscheidender Fehler, der noch einmal intern geklärt werden wird. Dienstmissbrauch!

Jan schrieb diese Verhinderungen schon damals an die Staatsdienerei, sie meldete sich nie bei ihm. Heute jedoch besitzt er dank dieser Fehler Beweise für die »organisierte Verhinderung«. Vielen ist das nun sehr unangenehm.

Ich träumte diese Geschichte, hier nur in Kurzform wiedergegeben, als wäre sie real gewesen, und als ich den Traum fertig geträumt hatte, erbrach ich mich, vor Schmerzen gekrümmt, fürchterlich, so als ob sich auch mein Mastdarm über den Rachen entleeren wollte. Es folgte noch ein weiterer Traum, ganz so, als hätte ich hoch oben an einer Schleuse einen Hebel betätigt, und alle darunter agierenden Mächtigen schwammen, erbärmlich um Hilfe schreiend, im Getöse der auf sie einstürzenden Wassermassen davon. Ich sinnierte über die Zukunft unserer Gesellschaft nach und fragte mich, warum Menschen, vor allem männliche Manager, sich so verhalten. Ich fand nach langem Überlegen keine bessere Erklärung, als dass unsere Gesellschaft Männer prostituiert. Der moderne Mann prostituiert sich: Er reitet - rittert - um die Gunst des Weibchens, und um diese Gunst zu erlangen, braucht er Macht und eine gehobene Stellung. Er prostituiert sich bei den ranghöheren Vorgesetzten und vernichtet alles und alle auf seinem Weg. Es ist ein Brunftgehabe, ein Hahnenkampf des unterworfenen Mannes. Ob sich Frauen auch an die Nächsthöheren prostituieren, weiß ich nicht: Zu wenige Frauen sind lange genug in Führungspositionen, als dass man ein solches Verhalten beobachten könnte. Aus Äußerungen von weiblichen Führungskräften ist anzunehmen, dass sie ähnlich agieren.

Meine Gedanken und Vorstellungen (bargeldlose Gesellschaft, Einkontopolitik) sind Visionen. Viele, die alternative Gedanken leben, erfahren eine organisierte Ausgrenzung von der Gesellschaft. Wer das organisiert, sollte damit schnellstens aufhören. Möge die Großlobby alle Betroffenen von ihrer schwarzen Liste nehmen und uns wirtschaftlich und gesellschaftlich keinen Schaden mehr zufügen. Es ist eine Schande, dass die Ausgrenzung vom Arbeitsmarkt staatsübergreifend organisiert betrieben wird.

Ich möchte dieses Geschehen nun so stehen lassen, ich werde nach einer langen Zeit der Verhinderung nichts mehr erbitten. Ich habe konkrete Kenntnisse für diese organisierte Ausgrenzung, das wisst ihr Lobbys und Hintermänner in der Zentrale; schämt euch zum Teufel! Gleichwohl danke ich den positiven Kräften, die mir jüngst zu Hilfe kamen, mögen Sie sich nicht von neuerlichen Interventionen beeinflussen lassen, mögen Sie mich nicht vordergründig auflaufen lassen. Aus einer Begebenheit weiß ich nun, dass es möglich wäre. Die mich jetzt unterstützen, dürfen dadurch keinen Schaden erleiden. Viel geliebtes Österreich.

Ich spiegle in diesen Zeilen nur unsere Gegenwart und be-schreibe, wie es um unsere Umwelt bestellt ist und wie wir vieles besser gestalten könnten. Meine Gedanken für eine bessere Zukunft sind ohne die Absicht zu polarisieren. Warum soll ein Schriftstück, das die Zustände beschreibt, mehr polarisieren als die Wirklichkeit selbst. Ist es nicht die Wirklichkeit, die uns zu so entgegengesetzten Meinungen bringt? Wenn das so ist, dann soll man unter die Leute gehen, um die Stimmen zu hören und die Stimmung zu spüren. Und wenn die Wirklichkeit tatsächlich polarisiert, dann ist es an der Zeit, etwas zu ändern, mit Gottes Hilfe.

TEIL II

Zukunftsvisionen

Technische Umweltvisionen

Alle Dachflächen sollen mit Wärme aufnehmenden Dach-
ziegeln ausgestattet werden, mit gewölbten noppenförmi-
gen Glasziegeln mit dem Bündeleffekt eines Taschenlam-
penglases, mit so einem entzündet man jedes brennbare
Material. Eine Wärme leitende Technik führt die Wärme
zur Nutzung ab, eine gute Isolierung dient als Brandschutz
für Dachstuhl und Wohnraum. Die gewonnene Energie
könnte auch nach einer Umwandlung zur Kühlung verwendet werden. Je heißer es ist, desto mehr Energie entsteht und desto besser funktionieren die Klimaanlage und
die Warmwasseraufbereitung. Neben diesen einfachen Ziegeln sollten die Fotovoltaik und die Beschaffenheit der
Sonnenkollektoren weiterentwickelt und anhand einer Bau-
verordnung verbreitet werden. Solch eine Verordnung würde die billigere Massenproduktion sichern. Energieüber-
schüsse könnten über den Hausanschluss ins Netz zurückgegeben werden. Die Kollektoren könnten auch in ver-
änderter Form auf mehreren Gebieten eingesetzt werden,
z. B. bei Kühlwagen, für schonende Tiertransporte und an
Gewachshausern oder Ähnlichem. Ältere Dächer müssten
entsprechend isoliert und umgerüstet werden. Wichtig ist,
dass die Energieerzeugung und -gewinnung breiter an-
gesiedelt wird, damit die Hochspannungsleitungen ent-
lastet werden und damit es keinen Bedarf mehr an Atom-
kraftwerken gibt. So wird auch die Macht der Energie-
lobbys zurückgedrängt, welche die Atomkraftwerke for-
cieren.

Bei Kaminkraftwerken - in Pilotprojekten in der Wüste
werden solche getestet - hätten diese Glasziegel mit Bündeleffekt beim Erhitzen von Luft größte Wirkung. Der daraus entstehende, im Kamin emporschießende heiße Luft-
strom erreicht für den Antrieb der Generatoren eine höhere
Geschwindigkeit, als das mit den gegenwärtigen flachen
Glasplatten möglich ist. Die austretende Luftmenge könnte
mit ionisierten Partikeln versetzt werden, die eine Art
Wolke für Gewitter und Regenschauer entstehen ließen, die

für die Wetterlage in den Wüstengebieten auf lange Sicht sehr wertvoll werden könnte.

Man kann auch Schwerkraft-Kraftwerke mit rollenden Generatoren auf Eisenbahngleisen konstruieren. Im Detail: Eine Eisenbahnschiene wird von einem Berg hinunter ins Tal und beim danebenstehenden Berg wieder den Berg hinauf verlegt. In einer Art Skaterwanne. Mehrere Schienen nebeneinander, doppelstöckige Schienen, wären bei kleineren Generatoren denkbar. Oben, am Ende jedes Berges, sind umlaufende Lifte installiert, welche die Generatoren zum höchsten Punkt beim jeweiligen Auslauf wieder hinaufziehen. Das ist notwendig, weil durch die Reibung, durch den magnetischen Widerstand usw. die Fallhöhe nicht der Steighöhe entspricht. Diese Verlustenergien müssen per Garnitur extern (mit den anderen bergabfahrenden Generatoren) zugeführt werden. Warum mehrere Bahnen unter- oder nebeneinander?

Es müssen mindestens drei Bahnen vorhanden sein, mehrere sind günstiger. Damit sich das System erhält, muss die Verlustenergie von den anderen zu Tal rollenden Generatoren aufgebracht werden. Im Detail:
Der erste Generator am Berg wird losgelassen, er donnert mit gewaltiger Energie zu Tal und braust den danebenstehenden Berg hinauf. Wenn dieser erste Generator unten im Tal ist und beginnt, die Steigung hochzufahren, wird der zweite und nach einer Weile der dritte Generator auf den anderen Schienen losgelassen. Auch sie fahren zu Tal und liefern ihre Hauptenergien und die Antriebsenergie für die Lifte, damit der erste Generator am anderen Berg das letzte Stück seines Auslaufs auf die entsprechende Höhe hochgezogen werden kann. Ist der erste Generator am höchsten Punkt des anderen Berges, wird er vom Umlauflift, der ihn das fehlende kleine Stück hochschleppte, losgelassen und fährt wieder zu Tal und den anderen Berg wieder hinauf. Währenddessen liefert er (der erste) das zweite Mal seine Hauptenergie und die Antriebsenergie für die Lifte der anderen Generatoren, die ebenfalls zum höchsten Punkt hochgezogen werden müssen. Die zeitliche Synchronisation

erfolgt während der Zeit des Hochziehens. Diese Anlagen können überall in großen Hallen mit vielen Bahnen aufgebaut werden. Kleingeneratoren-Pendelanlagen könnten auch in einzelnen Häusern errichtet werden. Es sind keine Wasser- und Windvorkommen notwendig und sie sind unabhängig von Sonnenschein (unterirdische Bauweise). Die Generatoren können in Zweirotor- (wie ein Auto) oder Einrotorausführung (mit Stützrädern) mit aufgesetztem Trafo (zusätzliches Mehrgewicht) ausgeführt werden. Die Energieausbeute aus diesem System errechnet sich aus Masse und Geschwindigkeit (zum Quadrat) über die Erdbeschleunigung abzüglich der Verluste (Fahrt-, Reibungs- und Induktionsverluste). Funktioniert das System? Geträumt am 17.09.2007, 2:41 Uhr. Wo ist der Haken? Skater schaffen es, am anderen Ende der Wanne über den Rand hinauszukommen, also muss bei mehrbahniger Ausführung eine Energie übrig bleiben, die nutzbar ist.

Kleine Normautos, mit weniger als tausend Kilogramm Gewicht, die weniger als fünf Liter Benzin auf einhundert Kilometer verbrauchen, sollten steuerlich gefördert werden. Große Autos (Pkws) müssten wegen des hohen materiellen Verbrauchs einer Abgabe unterliegen oder verboten werden. Jede Gewichtsüberschreitung über die Norm sollte mit zehn Euro pro Kilogramm steuerlich beaufschlagt werden. (Landes-)Förderungen sollten sich auch nach den Gesichtspunkten der Ressourcenvermeidung richten. Unsinnige Volksbelustigungen wie Auto- und Motorradrennen, Flugshows usw. sollten keine Unterstützung erhalten, sie sollten ganz einfach nicht mehr stattfinden. Diesel-Pkws sollten wegen ihrer hohen Umweltbelastung nicht mehr gebaut werden.

Im innerstädtischen Bereich sollten wir mit dem Fahrrad zur Arbeit fahren, dazu müssten die Fußgängerzonen und Radwege - fern der Straßen - ausgebaut werden. Trittbrettskooter und E-Mopeds wären eine weitere Alternative. Nach Möglichkeit sollte man seinen Arbeitsplatz mit öffentlichen Verkehrsmitteln erreichen. Städter mit Arbeitsplatz im Stadtgebiet dürfen ihr Auto an drei Tagen der Woche benutzen.

Ein Verfassungsgesetz stellt alle Wasservorkommen unter Staatseigentum. Wasser muss jedem - wie Luft - zur Verfügung stehen, unabhängig davon, wo es geschöpft wird. Eine Wasserquelle kann nicht Eigentum eines Menschen sein, weil eine Quelle ein geologischer Zufall ist. Das Einzugsgebiet einer Quelle (die Niederschläge, die in die Böden versickern) ist sehr groß und erstreckt sich über viele Landbesitzer, daher kann die Quelle nicht einem Bauern gehören. Ein Verkauf von Wasser und Wasservorkommen ins Ausland kann nur unter staatlicher Aufsicht erfolgen. Der Wasserverkauf an bedürftige Regionen darf nicht Profit bringend sein. Versorgungsnetze und Speicher müssten wegen der immer größeren weltweiten Wasserknappheit schnellstens ausgebaut werden. Fahrlässige Wasserverunreinigung muss geahndet werden.

Der Gütertransport muss bei längeren Strecken auf die Schiene verlagert werden. Dass Lastkraftwagen von Norden nach Süden, von Osten nach Westen ganz Europa durchkreuzen, ist unsinnig. Multifunktionale Transportcontainer, die auf Lkw und Schiene passen, sind notwendig; große Logistikzentren müssen errichtet werden. Nur die Nahversorgung wird mit Lkws durchgeführt. Lebensmittel, Joghurt, Erdäpfel, Mehl und viele andere Dinge, die überall wachsen und erzeugt werden könnten, dürfen nicht mehr von einem Land zum anderen transportiert werden. Auch der Tausch von Saatgut bringt die Vielfalt der Nahrung auf unsere Teller.

Viel Kraft stecken wir in unsere Konsumwelt. Es wäre wichtiger für die künftigen Generationen, die gesamte Biosphäre zu schützen und unsere ganze Anstrengung in die Umweltforschung zu investieren.

Oberste Priorität haben Luft-, Wasser-, Boden- und Pflanzenschutz. Die groteske Situation, dass mit Lizenzen zur Umweltverschmutzung gehandelt werden kann und Unternehmen von anderen Unternehmen Verschmutzungsgutschriften erwerben können, zeigt, wie hoffnungs- und einfallslos die Verantwortlichen sind. Sie überlassen alles politische Handeln den neoliberalen Lobbys, in dem Glauben, dass der Markt alles zum Guten regelt.

Das Tsunami Weithalsfass
Weil wir die Umweltsituation technisch nicht meistern werden, sollten wir uns lebensrettende, grell leuchtende Weithalsfässer anschaffen. Das sind mannshohe, innen ausgepolsterte Kunststofffässer mit einem Durchmesser von achtzig bis hundert Zentimetern, bei denen man die Einstiegsluke von innen verschließen kann. Bei Hochwasser oder einem Tsunami hüpft man ins Fass, lässt sich vom Wasser tragen und gegen die Hindernisse schleudern. Nach der Flut fängt man alle Fässer auf nunmehr toter und leergefischter Hochsee wieder ein. Die Fässer sind mit einer Wasserration, einer Stahlbodenplatte zur Stabilisierung und einem verschließbaren Luftloch ausgestattet - für Manager mit größerem Weithals, Handy und Laptop.

Zukunftskriminalität ins Strafgesetz
(Nach: »Der Chaos-Schock« von Werner Mittelstaedt)
Wenn jemand zum Erzielen wirtschaftlicher Gewinne oder zur Konsumsteigerung aus dem Lebensraum wehrloser künftiger Generationen im Übermaße Lebensgrundlagen entnimmt oder diese nachhaltig beschädigt oder gar zerstört, dann ist das ein klarer Fall von Kriminalität: Zukunftskriminalität! Beispiele: Ausverkauf von Unternehmungen, Rohstoffen, Wasser und anderen Ressourcen - oder: Erzeugung von Personenkraftfahrzeugen mit hohem Kraftstoff- und Materialverbrauch. So wird angesichts der globalen Situation jeder Tritt aufs Gaspedal ein Tritt gegen die Natur und damit gegen die Lebensgrundlagen künftiger Generationen. Zulassungsbehörden lassen auch Fahrzeuge zu, die weit mehr Kraftstoff verbrauchen als die Norm, woraus eine behördliche Beihilfe zur Zukunftskriminalität resultiert. Mittelstaedt führt weiterhin in diesem Zusammenhang folgenden Vorschlag aus: DIE EFFIZIENZREVOLUTION »FAKTOR VIER« REVOLUTION. Aus dieser

leitet sich eine Vervierfachung der Ressourcenproduktivität ab. Viermal so viel Wohlstand heißt jedoch zweimal mehr Menschen im Wohlstand und gleichzeitig den Naturverbrauch halbieren. Dazu müssen verschwenderische Gruppen ihre Wert- und Handlungsmuster korrigieren und den hohen Verbrauch entsprechend reduzieren. Um dieses Programm umzusetzen, beschreibt Mittelstaedt einen Moralkodex für Politiker: »Ihre Arbeit ist ihnen eine selbstlose und heilige Verpflichtung; ihrem Tun geht gründliches Nachdenken voraus und sie lassen Kritik zu; sie sind Erzieher der Öffentlichkeit und sie beachten die langfristigen, schwerwiegenden Auswirkungen ihrer Entscheidungen.«

Geistige Umweltvisionen

Wir leben zurzeit in einer Spiel-, Spaß- und Sensationsgesellschaft, in einer Wohlstandsgesellschaft. Die westliche Welt (der Norden) beutet zu ihrem Wohle alle Rohstoffe dieser Erde aus. Einigen wenigen von uns geht es materiell gut, leider verkümmert unser Empfinden für Ethik und Moral. Lobbyismus beherrscht die Welt, und wir sind seinem Joch unterworfen. Es ist bedrohlich, wie Bündnisse dem Einzelnen die Chancengleichheit rauben, wie sie ihre Macht für ihre Interessen organisieren und Menschen unterdrücken, wenn sie nicht aus ihren eigenen Reihen stammen. Solche Organisationen sollte ein frei denkender Mensch meiden.

Wir versuchen unser Glück, indem wir die Umwelt mit technischen Mitteln retten wollen, die daraus entstehenden Wirtschaftsaufschwünge nützen wir weiterhin für unseren materiellen Wohlstand. Das ist ein Irrweg. Wir müssen umdenken, was vielen nicht leicht fallen wird.

Der Mensch ist in einer schwierigen Situation. Die Männer- und Frauenwelt befindet sich in einem großen Umbruch, Frauen emanzipieren sich und drängen in die Domänen der Männer. Männer sind um die Gunst des Weibes wie immer bemüht und sehr gefordert. Frauen sind sich der Macht ihres Schoßes bewusst, und der Mann ist gezwungen, sich für die Gunst eines Weibchens, des besten Weibchens, zu prostituieren. Diese Männerprostitution hat Auswirkungen auf alle Ressourcen. Er kauft sich das größte Auto, die besten Schuhe, das feinste Hemd, den teuersten Ring, den geilsten Wecker und beschenkt das von ihm umworbene Weibchen mit vielerlei Gegenständen. Wirtschaftliche Macht und eine gute Stellung betören die Frauen, gerade deswegen wird sie von den Männern heftigst angestrebt, was Frauen den Zugang zu Positionen und Vermögen - solange sie es als wichtig und betörend empfinden sogar gerechterweise - vorenthält. So kommt es, dass Frauen in unzureichenden Jobs darben, oftmals kein Einkommen haben und sich den Männern prostituieren müssen. Ein Mann kauft sich gelegentlich ein Mädchen oder eine Frau, um sich seine Männlichkeit zu beweisen. Je jünger die Thai, desto begehrter. Stemmt sich aber dieser zarte Schoß dem Massigen - gar noch lustvoll und fordernd - entgegen und verkümmert sodann die Potenz, gibt es oft Mord und Totschlag.

Um sich diesen Pomp zu leisten, prostituiert sich der Mann vorerst immer an dem mächtigeren Vorgesetzten oder gesellschaftlich Stärkeren. Er verkauft seine Seele, seine Persönlichkeit, erschleicht sich nickend und heuchelnd die Gunst der Obrigkeit und seine Position. Hat er sie erlangt, verkauft er Volksvermögen, verkauft sein »ihm unterstehendes« Unternehmen, damit er selbst vielleicht für ein paar Jahre im Vorstand des Übernehmers sitzen darf. Das wirtschaftliche Sagen haben natürlich die Manager in der Übernehmergesellschaft. Der oder die wirtschaftlich Mächtige trommelt seinen oder ihren Status mit erhobener Brust hinaus, oft gibt es Futter in Form von öffentlich zur Schau gestellten »großzügigen« Gaben aus der vollen Schatulle, welche ihnen die Arbeiter schweißtreibend gefüllt haben. Die politisch Mächtigen lassen die minder Mächtigen bei jeder öffentlichen Gelegenheit schmunzelnd, aber mit undurchdringlicher Fassade gegen ihren Zynismus anrennen, um ihrer Macht zu frönen.

»Menschen mit Marketing-Charakterstrukturen werden selbstlose Werkzeuge, sie handeln primär im engen Kontext ihres eigenen Egos« (aus: »Der Chaos-Schock« von Werner Mittelstaedt).

Sehr hart erarbeitetes Vermögen wird auf diese Weise vernichtet oder an die an der Volksleistung partizipierenden kapitalmächtigen Personen übertragen.

Frauen sind sich ihrer Macht bewusst. Evolutionsbedingt suchen sie sich den vermeintlich stärksten Mann. Auch wenn sie Kraft ihrer Bildung und ihres Einkommens Selbstversorger sein könnten, so scheint es für eine Frau abwegig, einen Mann »unterer Kaste« zu akzeptieren. Es missfällt den Frauen, wenn sie, untereinander über ihre Männer sprechend, nichts Gebührendes über die Macht und Stellung ihres Mannes sagen können. Tuscheln sie jedoch über ihre Liebhaber, so stehen Handwerker hoch im Kurs. Männer hingegen handeln kastenfrei. Schon immer haben sich auch »Doktore« aufs Herzlichste um ihre Wäschermädels gekümmert. Findet eine emanzipierte Frau keinen entsprechenden Partner, sucht sie im Konsum nach Ersatz. Sie kauft sich einen Hummer (ein auf zivil umgebautes US-Militärfahrzeug, ein Riesending) - siebzig Prozent der Käufer sind Frauen. Dicke Autos sind lustvoll mit High Heels zu bändigen, die massigen Reifen, diese Übergummis sind sexy. In den Sekretariaten wird obrigkeitserregt um die Gunst der Chefs gegurrt, junge Gören aus dem Osten oder Süden sind nur schwerstens satt zu kriegen. So verbleiben für die Arbeiter- und Bauernsöhne immer weniger Frauen - das Aggressionspotenzial steigt. Sie kaufen sich hoch motorisierte Fahrzeuge, mit denen sie sich an Bäumen und Gartenzäunen zerschellen, Depressionen und seelische Krankheiten häufen sich. Mögen die Mädels dieses Chefgedusel ablegen und sich ihren Burschen widmen, mögen sich die Vitalitätsgebärden der Burschen mehr in Bildung und im Lendenbereich zeigen, wäre das auch für sie um vieles lustvoller, und für uns alle sozial verträglicher. Sehr viele Ressourcen gehen wegen dieses Verhaltens verloren, werden unnötig verbraucht und belasten die Umwelt schwer.

Man denke an die Knappheit der Bodenschätze, an die Verschwendung, an die Umweltverschmutzung. Eine Änderung in unserer Geisteshaltung (Paradigmenwechsel) macht es möglich, aus diesem Ungemach herauszukommen. Der Mensch ist zu schwach den Verlockungen (z. B. Versorgungsgenüsse für karenzierte Politiker, dicke schnelle Autos, Pomp) zu widerstehen. Ganz labile Charaktere kaufen sich den Pomp auf Pump, oft bezahlt die Allgemeinheit das »in Gold aufgewogene« Persönlichkeitsdefizit.

Fragen über Fragen: Warum streben wir diesen Pomp auf Kosten der Mitmenschen und der Biosphäre an, warum benötigt einer mehrere Betten, obwohl er nur in einem zur selben Zeit schlafen kann? Warum beuten wir für unseren Wohlstand unsere Weltmeere und andere Menschen in den armen Regionen aus, warum lassen wir die Menschen dort nicht in unsere Länder kommen? Wir weisen sie ab, obwohl sie für unsere billigen Hemden und Teppiche geschuftet haben. Besser wir sperren sie aus, damit wir nicht mit ansehen müssen, wie sie für uns für Hungerlöhne arbeiten!

Wenn unsere Frauen sich eines Tages während ihres gebärfähigen Alters ihrer wirtschaftlichen Situation sicher sein können, dann werden sie ihre Lust leben und uns an dieser polygam teilhaben lassen, dann werden Geld und Macht des Mannes eine geringere Rolle spielen, die Prostitution ans Weibchen wäre hinfällig. Dazu müssen wir brauchbare soziale Strukturen schaffen, damit wir alle lustvoll leben können. Weil die Eltern ihren Kindern ein warmes Bett bereitet haben, ist ihnen Politik zuwider. Das nutzen die Kapitalisten aus und lassen die Arbeitnehmer für wenig Geld (in Mac-Jobs) arbeiten. Unseren Kindern ist das egal, weil sie nur Geld für den Konsum benötigen. Was aber, wenn sie einmal Heim und Hof anschaffen müssen? Dann erst werden sie sehen und begreifen, wie wertvoll gute Politik ist. Sie ist die Lebensgrundlage. Erkämpft sie! Ihr werdet noch sehen, was für Fehler euch gerade unterlaufen.

Politische Visionen

Die Neue B A B E L

Ich wünsche mir, dass viele dieser und Ihrer Ideen, die zur Verbesserung unserer Umwelt und Gesellschaft beitragen, weiterverbreitet werden. Der Film »Eine unbequeme Wahrheit« mit Al Gore zeigt auch auf, dass wir am Scheideweg sind. Viele Institutionen nehmen sich heute dieses Problems schon an. Die Mächtigen in Politik und Wirtschaft wollen es noch nicht wahrhaben. Dieses soll ein Beitrag sein, ein Anstoß für Sie, ein Hinweis, dass es anders sein könnte. Schenken Sie dieses Buch Ihren Freunden und Bekannten. Es multiplizieren sich die Ideen, auch der friedliche Zweck wird weitergetragen. Um uns zu befreien, soll bis zum 13.10.2018 (weil: 13.10.1307, 7; 13.10.1956, 8) diese Bewegung in ganz Europa gegründet sein.

Wird der Wille der Menschen von den Politikern wieder respektiert, dann wird es wunderbar auf dieser Welt. Damit wir unsere Umwelt für unsere Nachkommen erhalten und schützen, müssen alle unsere Gewohnheiten in Frage gestellt werden. Wir müssen es schaffen, unsere Ressourcen so zu verteilen, dass es kein derartig anhaltendes Leid vieler Völker und Menschen wie heutzutage mehr geben kann. Die »Zukunftskriminalität« muss neu definiert werden, damit Handlungen gegen die Natur und gegen alle Lebewesen geahndet werden können. Energieeffizienz durch Umverteilung!

Ein notwendiger Paradigmenwechsel kann nur von einer neuen politischen und gesellschaftlichen Bewegung eingeleitet werden, denn: Wir haben kein Arbeitsplatzproblem, kein Hungerproblem, kein Bildungsproblem, kein Pensionsproblem usw., sondern wir haben ein Verteilungsproblem, so einfach ist das.

Jeder Mensch soll in Würde leben und achtsam mit der Umwelt umgehen. Dieses Jahrhundert soll für Ethik und

Frieden stehen, die Menschen sollen sich geistig weiter-
entwickeln, nur mehr wirklich notwendige materielle Dinge
werden erzeugt, sie sollen sich ihre Zukunft in ein Buch
schreiben und dieses Werk »Die neue BABEL; Ethik Partei
Europa, EtP-EU« soll stetig von ihnen fortgeschrieben werden. Diese Bewegung schürt keinen Klassenkampf, weil es
ihr Ziel ist, dass es um des Friedens willen keine Klassen
mehr gibt.

Idee einer neuen Partei

Wir stehen inmitten einer schwierigen Zeit. Unseren er-
wirtschafteten Wohlstand wollen wir erhalten, eine gerechtere Umverteilung dieses Wohlstands müssen wir aber erst
verwirklichen. Derzeit beherrschen drei Prozent der Menschen achtundneunzig Prozent des Vermögens, das ist sehr
ungerecht. Dieses Ungleichgewicht wieder ins Lot zu bringen und eine gerechtere Verteilung des Kapitals zu erlangen, schafft man nur mit einer neuen Bewegung. Unsere
Parteien haben es versäumt, neue Wege zu gehen und dieses Ungleichgewicht zu beseitigen.

Ungerechtfertigte Wohlstandshortung

Beim Wiederaufbau nach dem Zweiten Weltkrieg haben
bestimmte Gruppen in kürzester Zeit alles an Reichtum
gehortet. Sie ließen alle übrigen Menschen nicht im selben
Ausmaß an der Wohlstandsmehrung teilhaben, wie sie sie
sich selbst gönnten. Mit den Mitteln des Geldes und ihrer
Zinspolitik haben sie sich Vermögen und Güter aufgehäuft.
Sie schrieben ihre Regeln und gaben Kredite an Personen,
die ihre Lebenssituation verbessern wollten. Diese Kredite
mussten mit hohen Zinsen abgezahlt werden, wie auch jetzt
in den östlichen Mitgliedsstaaten Europas, wo die Menschen für Kredite horrende Zinsen bezahlen und ihre un-
terbewerteten Grundstücke, Höfe und Häuser dafür ein-
setzen müssen. Viele werden sich die Kredite mit diesen
hohen Zinsen nicht leisten können und Haus und Hof verlieren. Mit diesem Geldverleih werden bestimmte Gruppen
immer reicher. Dagegen müssen wir was tun.

Vermehrte Sinnsuche

Menschen suchen nach dem Sinn des Lebens, sie schließen sich fragwürdigen Institutionen an. Schon seit langer Zeit werden die Menschen im Banne diverser religiöser, oftmals fanatischer Institutionen gehalten, die sie zu untertänigen Opferdarbietungen erniedrigen und mit Armut an ihre Seite binden. Aber auch Gruppen aus Politik und Vereinen wenden diese Macht an.

Durch die Zukunftsangst fällt es jedem Menschen schwer, dem derzeitigen Tun und Handeln abzuschwören: Keiner will aus dem System ausbrechen, weil er sich dann von den herrschenden Lobbyisten, den Netzwerkern, Nachteile erwarten muss. Weitblickendes Handeln wurde verlernt, viele leben in ihrer existenziellen Abhängigkeit. Die Sinne für mehr Gerechtigkeit sind durch die bedrückende Zukunftsangst vernichtet worden. Der erschreckende Zustand unserer Umwelt - Erderwärmung durch Verschmutzung - unterliegt einer Exponentialfunktion: Alle bisherigen Prophezeiungen der besorgniserregenden Entwicklungen werden nicht so eintreffen, sondern sie werden viel schneller kommen und viel bedrohlicher sein, als derzeit vorausgesagt wird. Viele Untersuchungsergebnisse von Wissenschaftlern werden uns aus Profitgier verschwiegen.

Unsoziale Wirtschaft

Die technischen Fortschritte bringen bei der herkömmlichen Wirtschaftspolitik eine hohe Arbeitslosigkeit mit sich. Höchst unverständlich wird an den alten Modellen der Marktwirtschaft festgehalten. Die Menschen plagen sich und erkennen nicht, dass sie nur geringfügig am Mehrwert teilhaben dürfen, vielen wird nicht einmal die Inflation abgegolten. Ausgebeutete Regionen versinken in Armut, Krankheit und Leid.

Menschen, die diesem derzeitigen Wirtschaftssystem abschwören und dagegen ankämpfen, dafür aber neue Ideen einbringen, werden ihrer Existenzen beraubt, indem man sie organisiert arbeits- und damit würdelos macht. Diese »Wirtschaftspolitik« muss sofort gestoppt werden. Unsere

Politiker haben sich den mächtigen Wirtschaftstreibenden, der Hochfinanz, völlig ausgeliefert und sie sind heute nicht mehr in der Lage, das zu ändern.

Zukunftsschädigende Parteipolitik

Die Parteien behindern sich gegenseitig. Vorschläge und Zukunftsvisionen, welche nicht aus den eigenen Reihen stammen, werden negiert, verworfen oder in ein anderes Kleid verpackt, um dann von ihnen selbst hervorgebracht zu werden. Die Gegenpartei übt sich in Ablehnung und bekämpft dann die eigenen ursprünglichen Ideen. Diese Verhinderungs- und Verdrängungstaktiken führen zum Stillstand in der Umweltpolitik, in sozialen und ethischen Bereichen und schaffen ekelhaften Unmut. Die mit der Macht verwurzelten Politiker sind auch mit Neuwahlen nicht wegzubekommen, nach einem Rücktritt stehen sie am anderen Ende des Suds wieder auf, wie in einer Diktatur. Ihr könnt einfach nicht mehr miteinander, zu groß sind die Zerwürfnisse, die ihr euch gegenseitig im jahrzehntelangen Streit zugefügt habt. Lässt andere auf die Bühne, zu unserem Wohle!

E U R O P A – Welt der Zukunft

Denker in Europa mögen eine Änderung der Werte herbeiführen. Alle Menschen sollen dem Überfluss abschwören und die Rohstoffe auch nachfolgenden Generationen in ausreichendem Maße überlassen. Für eine gesteuerte Ressourcennutzung muss Europa zu den »Vereinten Staaten Europas« zusammenwachsen. Die nationalen Regierungen müssen umgebaut werden und im Europäischen Parlament ihren Platz einnehmen. Jeder Staat errichtet eine Regionalorganisation, welche die Beschlüsse der Europaregierung umsetzt.

Europa muss eine politische Einheit werden, weil die einheitliche Währung Euro ohne politische Einheit und Macht von der Hochfinanz missbräuchlich verwendet werden kann. Die einheitliche Währung ist sehr sinnvoll. Es liegt nun an uns, diese gemeinsame Währung in einem unabhängigen Staat Europa, mit einer sozial ausgerichteten

Verfassung zu schützen. Die Volksabstimmungen in den Staaten Frankreich, Irland und Niederlande lassen erkennen, wie sehr sich die Einwohner um Europa sorgen und wie sie eben nicht wollen, dass dieses Europa vom unsozialen Kapitalismus beherrscht wird.

Europa soll sich nach dem Beitritt (dem Zusammenschluss mit) der Sowjetunion und deren engsten Mitgliedsstaaten konsolidieren. Die Teilung der großen Lebensräume - Vorderasien und Europa - der christlichen und muslimischen Völker soll Konflikte verhindern. Ein Lebensraum soll ähnliche Gesinnungen unter einem Dach zusammenhalten. Europa muss ein Bollwerk des Friedens werden, muss der Ungerechtigkeit abschwören und Maßnahmen initiieren, die Gleichberechtigung und Gerechtigkeit schaffen, es muss nachhaltige Friedenspolitik betreiben und diese gute Politik auch in die Welt hinaustragen. Auch Amerikaner und Asiaten dürfen sich nicht mehr von den Herrschern unterdrücken lassen. Alle großen Staaten sollen gemeinsam für Wohlstand und Frieden in der Welt sorgen.

Europa soll sich auf das Wohl der Menschen einschwören. Das Kapital und die Güter werden gerecht verteilt. Übermäßiger, ohne Einbringung von entsprechender Leistung gehorteter Reichtum von Einzelpersonen wird stetig ins Volksvermögen zurücktransferiert, damit einige Produktionen und Bauten, zum Schutze der Umwelt, vermieden werden können. Europa beutet keine Länder anderer Kontinente und auch nicht die eigenen neuen Mitgliedsstaaten aus. Europa soll sich ein neues, ein »Gewinnloses Währungssystem« (ohne Zinsen) einrichten und intensiv erforschen, inwieweit und wie rasch sich eine bargeldlose Gesellschaft - wo Geld durch Leistungskonten der Bürger und Unternehmen beim Finanzamt ersetzt wird - umsetzen lässt.

Die Einwohner Europas lassen sich nicht mehr irreführen, sie sind kritisch und bauen sich ihre Gesellschaft. Einen normalen - aus den Bedürfnissen entstammenden - Wirtschaftsaufschwung wird es in Europa nicht mehr geben.

Die Gebäude, die Maschinen, alles das, was in der Vergangenheit geschaffen wurde und Arbeit für die Menschen brachte, wird mehreren Generationen zur Verfügung stehen. Arbeit an diesen elementaren Gütern ist nur mehr im Hinblick auf die Erneuerung, die Instandhaltung oder den Fortschritt notwendig, mit Maschinen und Werkzeugen ist diese Arbeit schnellstens getan. Europa wird in Zukunft alle benötigten Güter mit höchsten Umweltstandards wieder selbst herstellen, damit alle ein gebührendes Einkommen haben und unnötige Transporte vermieden werden können.

Es ist nur gerecht, dass die neuen EU-Länder sowie Asien und Afrika ihren Wirtschaftsaufschwung haben, was auch ihnen Wohlstand bringen wird. Ein stetig steigendes Wirtschaftswachstum bei uns jedoch verbraucht Energie, viele Müllgüter werden dafür - zum Schaden der Umwelt - erzeugt. Die Erzeugung von ausschließlich sinnvollen Produkten verbraucht aber weniger Arbeitszeit.

Ein Europa der Beschäftigten. Niemand ist arbeitslos und niemand muss sich Fürsprachen bei den Organisationen erbitten, welche heutzutage die Misere der Arbeitslosigkeit als Legitimation für ihre eigene Daseinsberechtigung ausnützen. Alle Menschen in Europa müssen mit einer Beschäftigung ihren Lebensunterhalt verdienen können. Eine Arbeitszeitverkürzung auf zwanzig oder weniger Wochenstunden als Vollerwerbstätigkeit wird allen Menschen Arbeit und einen Vollerwerbslohn geben und sie an den Mehrwerten teilhaben lassen (»Recht auf Arbeit«, so steht es in der EU-Verfassung). Übermäßig zu arbeiten ist nicht mehr das gesellschaftliche Maß, körperliche und geistige Arbeit zu tun, ist aber eine Tugend für die Gemeinschaft. Die Umverteilung der Arbeit muss so lange erfolgen, bis niemand mehr gegen seinen Willen arbeitslos ist. In einem so großen Wirtschaftsraum, wie Europa es ist, wo alle benötigten Grundstoffe vorhanden sind, lässt sich das alles auch umsetzen.

Ein Europa der Freigeistigkeit. Ziel ist die Wiederherstellung von Gedanken- und Meinungsfreiheit. Europa verpflichtet sich, die Bürger Freigeistigkeit zu lehren, niemand darf wegen ausgesprochener oder aufgeschriebener Gedanken verfolgt oder beim Erwerb seines Lebensunterhalts benachteiligt werden. Niemand soll sich durch die Erneuerung unseres Europas bedroht fühlen, und niemand soll sich ängstigen müssen. Die großen Missstände der Finanzwirtschaft müssen beseitigt werden, damit auch in Zukunft der Frieden erhalten bleibt.

Wir müssen uns vom jetzigen System lossagen. Die Aktienbesitzer verlangen immer mehr Ausschüttungen und Zinsgewinne. Um sie zu füttern, braucht es immer wieder einen Wirtschaftsaufschwung, mehr Leistung muss stetig erbracht werden, damit diese Drohnen allein durch Geldverleihen, also ohne Leistung, ihre Saläre erhalten. Das ist ungerecht. Die Zins- und Aktienwirtschaft saugt alles Erwirtschaftete zu einer kleinen Gruppe, die Menschen arbeiten für deren Einkommen - sie rennen für sie wie ein Hamster in seinem Laufrad, Ende nie in Sicht. Sie müssen Müllgüter produzieren, damit sie sich ihre bescheidene Wohnung und ihr Essen leisten können. Solange wir an diesem Zustand festhalten, schaffen wir immer mehr Chaos und wir belasten die Umwelt sehr. Wenn wir aus der Umweltmisere wirklich herauskommen wollen, dann müssen wir dieses Wirtschaftssystem verlassen, was vielen unterjochten Menschen nicht schwer fallen wird. Die Drohnen halten natürlich an diesem fest. Das jetzige System kann mit einem Leistungskonto direkt beim Finanzamt umgangen werden. Ein vollkommener zweiter in sich geschlossener (Leistungs-)Kreislauf neben dem derzeitigen Geldkreislauf soll aufgebaut werden; einer ohne Zinsen, Aktien und Wertpapiere, was so viel bedeutet, als dass man mit dem Verleihen von Geld keine Gewinne (Mehrwerte) mehr erzielen kann. Die Aktien werden von diesem zweiten Kreis nicht mehr gespeist. Das wäre die Erlösung vom unerträglichen Joch. Es braucht dazu den Willen, das zu tun. Die Angst vor dieser »Einkontopolitik« muss genommen werden, es soll sich niemand fürchten müssen, wenn das Finanzamt das Konto einsehen kann. In den USA steht ein Großrechner, in dem alle Kontobewegungen der Europäer im Detail aufgelistet sind. Terrorbekämpfung! Vor einem Beamten mit Verschwiegenheitspflicht braucht sich niemand zu fürchten. Rechtmäßig Steuern für unser gutes Sozialsystem zu zahlen, ist dem Leumund nicht schädlich.

Die »gekauften« Medien legen uns die Sparsamkeit wegen der Preissteigerungen ins Ohr, sie ermutigen uns, in Askese zu leben. Die Preise steigen dadurch noch weiter an, weil die Drohnen in ihren geschützten Bereichen auch durch weniger verkaufte Stück, ihre hohen Einkommen haben wollen. Sie verdienen dadurch noch mehr, weil Ressourcen und Güter nun auch woanders hin, an Chinas Oberschicht, verkauft werden können. Gerne würden wir den Gürtel enger schnallen, wenn dadurch armen Menschen geholfen werden könnte, die aber können sich diese teuren Produkte nicht leisten, die Schere geht noch weiter auseinander. Europa hat aus seiner Geschichte nichts gelernt, oder ist es Absicht? Treibt ihr uns wieder ins Verderben, damit wir danach wieder alles aufbauen müssen, um wieder für euch im Aktien-Laufrad weiterzuschuften? Diesmal werdet ihr euch täuschen!

Ethik Partei Europa (EtP-EU)

Programm der Ethikbewegung

Durch dieses Parteiprogramm sollen Energien freigesetzt werden, welche momentan nicht sinnvoll eingesetzt sind. Es kann wieder Vernünftiges getan werden. Nur mit einem Systemwechsel kann man Arbeitslosigkeit verhindern und die Umwelt und die Ressourcen schonen.

Die Ethikbewegung soll sich auf drei Säulen stützen:

Ethisches Verhalten

Angesichts einer steigenden Gesamtbevölkerung und einem kleiner werdenden Lebensraum verursacht durch die Umweltverschmutzung, wird ethisches Verhalten in Zukunft umso wichtiger. Jeder soll durch Liebe, Arbeit, Sport, Kultur, Ruhe und Besinnung ein erfülltes Leben haben. Menschen und Tiere dürfen nicht mehr ausgebeutet oder gezwungen werden, Ungewolltes (Abrichtungen, Tierhaltung in Zoos und anderen Containern zur Volksbelustigung, zum Begaffen. Schauen Sie in die traurigen Augen dieser Tiere ...) zu tun.

Schutz aller Lebewesen und der Umwelt

Schutz der Umwelt, der Pflanzen, Tiere und Menschen und Schutz der endlichen Ressourcen. Volle Gleichberechtigung von Mann und Frau, Schutz des Kindes. Die Umwelt muss zukünftig nicht nur besser geschützt werden, sie muss wieder auf eine gesunde Basis gestellt werden. Die Gesetze zum Schutz der Umwelt und der Lebewesen müssen neu geschrieben werden.

Das offene Parteiprogramm

Das Parteiprogramm ist offen für alle dem Gemeinwohl dienenden notwendigen Korrekturen; die Menschen schreiben ihr Parteiprogramm stetig weiter. Die Fibel soll alle paar Jahre den Wünschen und Anforderungen nach geändert, ergänzt und umgeschrieben werden. Die Menschen schreiben sich somit ihre »BABEL«, sie brauchen dazu nur mehr den Glauben an sich selbst und müssen das Universum akzeptieren. Wie dieses entstand, ist göttlich, auch ohne die vielen unterschiedlichen Religionen.

Bundesregierungen

Der Nationalrat, der Bundesrat, die Landtage und die Gemeinden bilden derzeit das politische System in unserem Staat, ähnlich ist es auch in den anderen Ländern Europas. In einem vereinten Europa wären die vielen politischen Ebenen nicht wirklich notwendig, sie verhindern oft rasche Reaktionen auf kommende Herausforderungen.

Die Vorbereitung auf die zukünftigen »Vereinigte Staaten von Europa« soll vorangetrieben werden, das derzeitige Konglomerat von siebenundzwanzig Staaten mit mehr als zwanzig Sprachen wird sich nicht halten. Europa würde wieder zerfallen. Sehr unlogisch wäre es, die Staatsformen mit ihren Regierungen und Verwaltungen so zu erhalten, eine sinnvolle, einheitliche Gesetzgebung wäre mit diesen vielen autonomen Einzelstaaten auf lange Sicht nicht durchführbar.

Eine Europaregierung soll durch den Zusammenschluss der nationalen Regierungen geschaffen werden. Sie arbeitet sparsam und zweckmäßig. Die aus den Regionen gewählte Vertretung der Bürger für den Nationalen Europarat trägt und gestaltet das politische Wirken für ganz Europa. Aus Gründen der Handlungsfähigkeit müssen die Europaregierung und die Mitgliederzahl des Nationalen-Europa-Rats klein bleiben. Aus dem Staatenbund Europa wird eine durchschnittliche Bevölkerungszahl ermittelt (das sind derzeit 18,1 Millionen Einwohner). Die Besetzung des Europäischen Parlamentes - Nationale Europaräte und EU-Regierungsmitglieder aus den einzelnen Staaten - folgt einer Zweidrittelsteigung über- und unterhalb der durchschnittlichen Bevölkerungszahl. Damit wird erreicht, dass die größeren Staaten nicht eine proportionale Übermacht anstreben können, diese Gewichtung kommt den kleineren Staaten zugute, was aus Sicht der Interessenansprüche gerecht ist.

Zwei-Drittel-Berechungsformel:
25 Staaten, 453,5 Mio. EU-Einwohner, 75 Regierungsmitglieder,
500 Nationale Europaräte
Formel Regierungsmitglieder: 0,06666 * Einwohner + 1,8
Formel Nationale Europaräte: 0,6666 * Einwohner + 8
Ergibt für Österreich: 8,1 Mio. Einwohner:
2,34 Regierungsmitglieder; proportional wären es 0,89
13,40 Nationale Europaräte; proportional wären es 8,93
Ergibt für Deutschland: 82,3 Mio. Einwohner:
7,29 Regierungsmitglieder; proportional wären es 13,61
62,87 Nationale Europaräte; proportional wären es 90,74
Zehntelanteile (Kommastellen) werden summiert und den Regionen (Nord, Süd, West, Ost) zugerechnet.

Die Obergrenze im Europäischen Parlament sollte dreimal
die Staatenzahl der EU-Regierungsmitglieder und zwan-
zigmal die Staatenzahl der Nationalrats- (Europarats-)Mit-
glieder sein. Bei fünfundzwanzig Staaten ergeben sich
fünfundsiebzig EU-Regierungsmitglieder und fünfhundert
Nationale Europaräte. Gewählt wird alle vier Jahre, wobei
im Zweijahresrhythmus mittels einer Abstimmung befun-
den wird, ob die Europaregierung in ihrer eingeschlagenen
Richtung weiterarbeiten soll. Bei fünfzig Prozent Zustim-
mung der abgegebenen Stimmen bleibt die Europaregierung im Amt. Unter fünfzig Prozent wird neu gewählt.
Nach dem vierten Jahr muss immer neu gewählt werden,
auch dann, wenn schon nach zwei Jahren neu gewählt
wurde. In diese Europaregierung kommen zu ihren entsprechenden Anteilen alle Parteien, welche über fünf Prozent
der Stimmen erreicht haben, damit möglichst alle Interessen bei der Gesetzgebung abgedeckt und vertreten sind,
und damit freie Mehrheiten ohne Bündniszwang gefunden
werden können.

Die neue Berechnungsform der Zusammensetzung der Regierungsmitglieder und des Nationalrates der Regionen
(aus den heutigen Landtagen entstehend) wird auch dann
von der neuen Bewegung EtP-Europa für Österreich getragen, wenn es noch keine einheitliche Europaregierung
aller EU-Staaten gibt, jedoch aufgrund der eigenständigen
Gesetzgebung mit Faktor Fünf der vorher berechneten Mit-

gliederzahl für eine Europaregierung erhöht. Das ergibt für Österreich - für die Regionen mit einer Zweidrittelsteigung gewichtet - zwölf Regierungsmitglieder (derzeit sechzehn) und siebenundsechzig Nationalräte (derzeit einhundert-dreiundachtzig). Mit entsprechender Mehrheit soll dieser »Nationalrat aus den Regionen« umgesetzt werden können, die Landesregierungen lösen sich damit auf.

Mit dem Ende der Nationalstaaten kommt man einem »Europa der Regionen« näher. Ein »Nationalrat aus den Regionen«, welcher sich aus den heutigen Bundesländerregierungen der einzelnen Staaten entwickelt, soll alle bisherigen politischen Strukturen ablösen. Nur sozial denkende Vertreter werden in der Europaregierung ihren Platz finden. Ein unabhängiger, philosophischer Weisenrat unterstützt die Regierungsmitglieder in ihrer Arbeit. Er steht in Opposition zum Nationalen Europarat, zur EU-Regierung, damit die Bevölkerung wertneutral informiert werden kann und damit sie ihre Regierungsmitglieder womöglich nach zwei Jahren mit einer Abstimmung abwählen und mit neuen Personen ersetzen kann.

Interessenorganisationen

Die Kammern und Bündnisse stehen politischen Parteien aus ihrer Historie heraus sehr nahe. Durch diese politische Verflechtung können sie oft nicht vernünftig arbeiten und nicht alles, was den Menschen gut täte, vertreten. Die Zugehörigkeit zu solchen Berufsorganisationen birgt große Abhängigkeiten in sich. Schließt man sich ihnen nicht an, wird man von der Mitgestaltung der Gesellschaft vollkommen ausgeschlossen. Diese »organisierte Gesellschaft« lässt nur jene in ihre Reihen, die sich den Regeln unterwerfen, freigeistiges Gedankengut ist nicht akzeptiert und wird in seinen Anfängen mit allen Mitteln bekämpft. Mit wirtschaftlichen Abhängigkeiten rekrutieren die herrschenden Gruppen ihre Mitglieder, egal welche Einstellungen oder Gesinnungen sie haben mögen. Die Organisatoren in diesen Vereinen wissen das und schaffen aufgrund ihrer wirtschaftlichen Macht immer noch größere Abhängigkeiten. Damit wird jedes freie Wirtschaften, jedes freie kulturelle

Bewegen zunichtegemacht, untergraben und ausgelöscht. Hierin wird die Macht der Globalisierung deutlich, hierin spürt jeder, der sich außerhalb dieser Strukturen bewegt, wie schwer es ist, einen guten anspruchsvollen Job zu bekommen, wie schwer es ist, politisch oder gesellschaftspolitisch mitzuwirken, wie schwer es ist, am gesellschaftlichen Leben normal teilzuhaben. Dieser erdrückende Zustand hält sich in unserem Land besonders lang: Wenn er einmal aufbricht, dann ordentlich, und die Auswirkungen sind unvorhersehbar.

Organisationen sollen zukunftsweisende Visionen entwickeln, um das Zusammenleben ohne Kriege, Hass und Leid zu ermöglichen. Gute Beiträge werden veröffentlicht und jedem zugänglich gemacht. Neue gute Ideen müssen angenommen und umgesetzt werden. Sie dürfen nicht verhindert werden, auch wenn diese Ideen vorübergehend Massenarbeitslosigkeit hervorrufen. Die Politik sorgt für eine gerechte Verteilung der Arbeit.

Verwaltungen

In den einzelnen Staaten und Ländern sind die Verwaltungen in unterschiedlicher Form und Gestalt gewachsen. Diese unterschiedlichen Verwaltungsformen sind in einem gemeinsamen Europa nicht sinnvoll. Regionen mit einer einfachen Verwaltung haben Vorteile. Jene Länder, auch Österreich, mit üppigen Verwaltungseinrichtungen (Kammern und Bündnissen) und regionalen Strukturen (Landtage und Gemeinden) müssen Reformen umsetzen. Nach der Grundregel »Gleiches Recht für alle« müssen die Landesgesetze (oder -bestimmungen) abgeschafft und in Bundesgesetze integriert werden. Die Bundesgesetze richten sich nach den EU-Gesetzen.

Alle Sozialleistungen sollen Angelegenheiten des Bundes werden und überall nach gleichem Modus (in Höhe, nach Preis- und Marktumfeld) gewährt werden.

Durch die große Vereinfachung der Verwaltung unseres Lebens bleibt genügend Zeit für zukunftsweisende Betätigungen. Vordringlich ist der Erhalt der Ressourcen für unsere Nachkommen und die Verbesserung der Umwelt. Sozial ausgerichtete Gesetze sollen dahin gehend unterstützen, dass sich jeder sein Leben wieder selbst gestalten kann, ohne sich einem Netzwerk oder einer Lobby unterwerfen zu müssen.

Größere Verwaltungseinheiten haben den Vorteil, dass sie anonymer sind, denn oft wirkt eine zu große persönliche Nähe in kleinen Einheiten (Gemeinden) dem Wohl entgegen, auch die Vetternwirtschaft würde hiermit versiegen. Somit ergäben sich mehr Chancen für den Einzelnen.

Die Bürger der Staaten Europas wählen in ihrem Staat aus den Regionen heraus ihre Vertreter. Diese Vertreter sitzen als Nationalrat im Europarat. Politik wird somit in den Zentralen der Europäischen Union gemacht. Dieser im Europarat sitzende Bundesländerrat (mit Doppelfunktion, und zwar der des Nationalrates und der des Europarates) der einzelnen Staaten ist für die Umsetzung der gemeinsamen Europapolitik im jeweiligen Staat verantwortlich. Die praktische Durchführung in den Staaten und Regionen obliegt den Verwaltungsbeamten ohne politisches Mandat. Nationale Verbesserungen für die Zukunft können unter Berücksichtigung der entsprechenden EU-Rahmenbedingungen in einem Staat eingeführt werden. Stellt sich die gemeinsame EU-Gesetzgebung später einmal diesen nationalen Beschlüssen entgegen, müssen die nationalen Gesetze von den EU-Gesetzen abgelöst werden. Um die Wettbewerbssituation in Europa unter den Staaten einigermaßen gleichzustellen, müssen die Verwaltungseinheiten vereinheitlicht werden. Mit Ende der Nationalstaatlichkeit wäre das auch real möglich.

Staatsdiener

Viele Menschen in Verwaltungssektionen stehen unter der Schirmherrschaft der Pragmatisierung. Sie sollen damit gegen Bestechung und Beeinflussbarkeit weitgehend immun sein. In diesem Segment der Volkswirtschaft gelten andere Maßstäbe als in der freien Wirtschaft. Die Unterschiede zwischen der Beamtenschaft und den anderen Gruppen der Volkswirtschaft sind etwas unfair; beide Gruppen genießen jeweils unterschiedliche Privilegien, aber auch Benachteiligungen.

Beamte sind nur mehr die Verwaltungsbeamten, welche die gemeinsame europäische Politik in den Regionen umsetzen und für die innere Sicherheit zuständige Personen. Lehrer oder andere Gruppen, welche unter einer höheren Sorgfaltspflicht ihren Dienst verrichten müssen, aber nicht der inneren Sicherheit dienen, werden nicht mehr pragmatisiert, sind also keine Staatsdiener mehr. Im Beamtenstatus verbleiben noch die Bereiche der oberen Verwaltungs- und Justizorgane sowie der Rechnungshof, die Staatsanwälte, die Richter und Teile der Finanzverwaltung.

Kontrollorgane, Kontrollinstanzen

Kontrollinstanzen unterstehen der wirtschaftlichen und politischen Macht. Sie werden in ihren Aufgaben sehr behindert. Das ist untragbar. Jede Gesellschaft schafft sich zu ihrem Schutz und zum Schutz ihres Vermögens Kontrollinstanzen. Auffallend ist die Arbeitsweise solcher Instanzen, aufgrund derer es uns schwerfällt, an die Wirksamkeit solcher Einrichtungen zu glauben. Der Rechnungshof unterliegt immer dem politischen Auftrag. Macht es Sinn, wenn sie immer nur das prüfen dürfen, was sie von ihren Auftraggebern zu prüfen beauftragt werden? Ist es denkbar, dass sich die Mächtigen ihre Kontrollinstanzen selbst aufstellen, um uns das Stattfinden von Kontrollen vorzutäuschen? Die Finanzmarktaufsicht wird von jenen Großbanken am Leben erhalten (gesponsert), die sie prüfen soll und wer beißt schon gerne die Hand, die ihn füttert? Warum stellen sich so mächtige Institutionen ihre Prüfinstanzen selbst? Die Kleinaktionäre werden von einem Verein, dem Anlegerschutzverein, in ihren Anliegen gegenüber den Großaktionären unterstützt. Welche Macht hat dieser Verein und ist er frei von jeder Einflussnahme?

Die obersten kontrollierenden Instanzen sind der EU-Rechnungshof und der jeweilige staatliche Rechnungshof, sie müssen immer frei und unabhängig sein, sie müssen wieder autonome Einrichtungen werden und dürfen sich keiner politischen oder wirtschaftlichen Macht beugen oder ihr mit »gewünschten« Gutachten entgegenkommen.

Alle Ungereimtheiten müssen veröffentlicht und ausgeräumt werden. In die Prüfagenden des Rechnungshofes fallen alle Einheiten eines Staates (Ressorts und deren nachrangige Dienststellen, Unternehmen, Verbände usw.), welche mit öffentlichen Mitteln wirtschaften, und alle anderen, welche aus ihrem geschäftlichen Tun teilweise der Gesellschaft verpflichtet sind. Das sind auch alle Banken und Versicherungen und alle staatstragenden Unternehmungen. Im Konkursfall eines großen Unternehmens liegt die Prüfungshoheit immer beim Rechnungshof. Dieser kann sich einer Vorprüfung anderer Prüfgesellschaften bedienen, jedoch ist er vollkommen unabhängig in seinen Ausführungen. Dem Rechnungshof obliegt die Vergabe von Prüfungen und Revisionen. Die Verantwortung der Ausführungen und der Veröffentlichung des Prüfberichts gebührt ausschließlich ihm. Es besteht Berichtspflicht gegenüber der Öffentlichkeit.

Die Bürgerkarte

Es gibt eine Unzahl von Formularen, die bei jeder Gelegenheit ausgefüllt werden müssen. Man denke an alle Ämter, an alle Bildungsstätten, an die Formulare im Gesundheitswesen - überall müssen dieselben Angaben zur Person gemacht werden. Die Technik bietet schon lange bessere Möglichkeiten.

Für die Registrierung wird eine Bürgerkarte eingeführt. Sie ist mit Informationen und multifunktionalen Optionen ausgestattet. Alle persönlichen Daten werden am Bürgerkonto im Bundesrechenzentrum (BRZ) gespeichert. Codes verhindern eine missbräuchliche Verwendung. Einfache Formulardaten sind auf der Karte gespeichert, spezielle Daten werden vom Bürgerkonto bedarfsgerecht eingelesen. Das Konto ist in mehrere Rubriken unterteilt. Eine Rubrik enthält zum Abgleich der Karte die allgemeinen Formulardaten einer Person, die anderen Rubriken enthalten spezielle Daten, welche nur den berechtigten Ämtern oder Institutionen über andere Codes der Bürgerkarte zugänglich gemacht werden.

Bürger- und Unternehmenskonto

Durch das Zusammenschmelzen von Europa entstehen ein sehr großer Arbeitsmarkt und auch ein großer undurchschaubarer Raum für betrügerische Tätigkeiten, Schwarzarbeit, Sozialbetrügereien, Geldfälschungen usw. Mit diesen betrügerischen Transaktionen werden Unmengen an Umsätzen und Einkommen nicht versteuert, entsprechend fehlen die Mittel für Staatsaufgaben und für soziale Zwecke.

Für die Abwicklung aller entgeltlichen Transaktionen und Geldbewegungen wird weltweit nur ein Konto für Bürger und Unternehmen direkt beim Finanzamt eingeführt. Das Konto hat Brutto- und Nettozeilen. Die Lebenstransaktionen werden vom Nettokonto ausgeführt. Die Verwaltung des Überhanges (der endbesteuerten Beträge) erfolgt in der Bundesfinanzierungsanstalt (Staatsbank). Die Kontoführungsabgaben richten sich ausschließlich nach der Höhe der Verwaltungskosten der Finanzierungsanstalt und dürfen keine Gewinne (Zinsen) ausweisen, welche dann an Dritte (an die Aktionäre) ausgeschüttet werden.

Bargeldloser Leistungsverkehr

Die elektronischen Möglichkeiten werden uns in Zukunft noch vieles erleichtern. Der bargeldlose Zahlungsverkehr, jetzt schon bei eBay und »zahl's mit dem Handy« in Ansätzen vorhanden, sollte ausgebaut werden. Das Geld in heutiger Form wird in Zukunft im bargeldlosen Raum Europa durch Buchungsinstrumente abgelöst. Geld aus nichteuropäischen Regionen, in denen das Zahlungsmittel Geld weiter besteht, muss mittels einer Gutschrift auf dem Leistungskonto eingebracht, also abgegeben werden, damit es überhaupt Wert erlangt. Jede Firma und jede Person ist mit dem Wohnsitzfinanzamt und mit dem Bundesrechenzentrum durch eine leistungsstarke Leitung über Handy, PC, Bankomatkarte, Pager usw. elektronisch verbunden.

Damit können alle Transaktionen - in Zukunft bargeldlose Kontobewegungen - vom einzelnen Bürger und von jedem Unternehmen erfasst werden. Alle Leistungen werden nur mehr auf Leistungskonten (vormals Geldkonten) verrechnet. Die Bezahlung im Alltag wird mittels der Instrumente elektronisch durchgeführt, was nur mehr Umbuchungen in den entsprechenden Brutto- oder Nettozeilen von einem zum anderen Bürger- oder Unternehmenskonto (im BRZ) darstellt. Die Besteuerung erfolgt automatisch im Finanzamt. Ein Jahresausgleich wird nach ergänzenden Erklärungen automatisch abgerechnet und auf dem Nettokonto verbucht. Spinnt man diese Vision weiter, tun sich ungeheure Möglichkeiten auf. Unternehmen müssen jede (vormals Geld-)Leistungsbuchung über das Finanzkonto durchführen, man könnte also auf diesem Rechner weitere Unterkonten - wenn auch nur wenige, z. B. Bestandskonten laut Bilanz - einrichten. Die Geschäftsabwicklung könnte mittels exakter elektronischer Kontierung erfolgen, somit werden die Buchungen gleich richtig auf die Unterkonten der Geschäftspartner eingehen. In Zukunft gäbe es dann viel weniger Arbeit für die Lohnverrechnung, die Buchhaltung, die Steuerberater und die Finanzprüfung.

Kredite werden durch Minusbuchungen am Leistungskonto eingetragen, über die Jahre kann das Minus (der Kredit) automatisch durch Umbuchungen eines verträglichen Betrages beglichen werden. Das Risiko des Nicht-Einbringens ist gering, weil jeder Arbeit hat und mit einer Beschäftigung, mit einem Gehalt seinen Lebensunterhalt bestreiten kann. Leistungsguthaben sollen bei der ÖBFA, der Bundesfinanzierungsanstalt, geparkt werden, dann bräuchte man auch weniger oder gar keine herkömmlichen Bankkonten mehr und viele dieser schönen, marmornen Räumlichkeiten könnten uns anderweitig zur Verfügung gestellt werden.

Vorteile dieser bargeldlosen Gesellschaft wären: geringere Kriminalität, Schwarzgelder gäbe es nicht mehr, »Schwarzarbeit« kann besser aufgespürt, verfolgt und gleich am Konto besteuert werden und wird sozusagen legal. Somit würden auch die Gelder ohne Rechnung, aufs Händchen,

wegfallen. Die Statistik hätte gute Auswertungsmöglich-
keiten, man denke an alle Suchoptionen für (neugierige)
Beamte (search = $name; Gegenkonto = puffhousekonto;
Zahlung .GT. 500 EUR; ist guter potenter Mann, das Ar-
beitsamt kann entsprechende Stellungen vermitteln)
gleichsam auch an alle Vorteile in der Kriminalitätsbe-
kämpfung. Gelddiebstähle wären auch nicht mehr möglich.
Wenn so eine elektronische bargeldlose Gesellschaft funktionieren würde, wäre das ein Quantensprung zu einer ord-
nungsgemäßen Geschäftsgebarung. Diese Vision hat reelle
Chancen, weil sie im Interesse des Staates und der Menschen liegt, da alle von der besseren Steuereinbringung
profitieren werden.

Am Jahresende könnte ein Bundesgebarungsausgleich
stattfinden, eine Art Steuerausgleich, eine Nachversteue-
rung zum Haushaltsausgleich. Ist der Bundeshaushalt (das
ist *unser* aller Haushalt) im aktuellen Jahr im Minus, wird
dieses Jahresminus in derselben Steuerprogression, mit der
die Besteuerung der Personen und Unternehmen unter-
jährig abgerechnet wurde, nachversteuert und von den
Konten abgebucht; Guthaben werden ab einem Rücklagen-
betrag gutgeschrieben. Es gäbe damit keine Neuverschuldung mehr, der Druck auf sparsames Arbeiten im Bund
wächst. Dies berücksichtigt die neue Form des Nationalrates mit dem zweijährigen Wahlzyklus, das Auflassen der
Länder und Gemeinden, das Einführen der Volkspension
(niemand wird mehr über Gebühr bezahlte Pensionen goutieren) und so weiter und so weiter. Revolutionär! Ebenso
fällt in dieser bargeldlosen Gesellschaft, in dieser Leis-
tungsgesellschaft, der Handel mit Geld weg. Damit vermei-
det man viel Unheil.

Sozialer Friede

Derzeit herrscht in Europa noch solidarischer Friede, welcher immer mehr durch Geld hortende Gruppen gefährdet
ist. Die Globalisierung schreitet stetig voran, und immer
mehr Menschen fallen unter die Armutsgrenze. Diese Art
der Globalisierung ist schädlich, noch weniger tragbar sind

jene Institutionen und Personen, welche diesen Weg uns vorschreiben wollen.

Unser Sozialsystem erfordert eine Steuerleistung von jedem Bürger und Unternehmen. Durch die »Einkontopolitik« - jeder hat weltweit nur ein Konto beim Finanzministerium im Bundesrechenzentrum in seinem Heimatstaat, dort wo die Steuern zu entrichten sind - und die »bargeldlose Gesellschaft« - die Zahlungen erfolgen nur mit Karte oder elektronischen Geräten - wäre die Steuereinhebung lückenlos gewährleistet.

Größte Priorität der Bewegung EtP-Europa hat der soziale Friede. Alle Maßnahmen, die zu diesem Frieden beitragen, müssen umgesetzt werden. Die Menschen bestimmen die Friedensmaßnahmen. Jede sinnvolle Idee muss bei entsprechender Beantragung angenommen werden. Ist eine Idee gut, wird sie philosophisch gewürdigt und in der Sozialforschung aufbereitet, wissenschaftlich ausgearbeitet und in eine Abstimmungsliste eingetragen, damit über sie per Volksabstimmung (Gesellschafts-Voting) über die elektronische Bürgerkarte abgestimmt werden kann. Die Benachteiligung vieler Gruppen, welche wegen unverschuldeter und ungewollter Arbeitslosigkeit nur einen geringen Lebensstandard erreichen konnten, wird durch die bessere Verteilung der Güter und des Kapitals aus den Wiedergutmachungsgeldern der reicheren Gruppen aufgehoben, diese mögen Humankapital über Steuern leisten, wenn sie nicht durch eigene körperliche oder geistige Leistung zu ihrem überproportionalen Reichtum gelangt sind.

Entlohnungspolitik

Die gezahlten Gehälter sind weder gerecht noch begründbar. Die Lohnpolitik schafft menschenverachtende Diskriminierungen, es fehlt der Leistungsbezug. Managergehälter werden auf äußerst dubiose Weise, ohne jegliche objektive Leistung begründet. Auch die große Verantwortung der Manager (jeden Tag liefern sie uns hierzu ein schlechtes Beispiel) kann solche Saläre nicht rechtfertigen. Diejenigen, welche sich ihr Gehalt selbst gegenseitig ge-

nehmigen, greifen immer noch tiefer in die vom Volk geschaffenen Werte. Die Parteien schaffen sich ihre Subventi-
onspolitik, sie geben bereitwillig Zuschüsse für Heizkosten,
Schulgeld usw., um damit den Bürger als Wähler an sich zu
binden. Das schafft Abhängigkeiten, Bettelei, Fürbitten,
das ist schändlich, das ist ein Zustand, der schnellstens geändert werden muss. Die Ethikbewegung setzt sich für eine
gerechte, leistungsbezogene Entlohnung ein.

Jedes Einkommen sollte durch eine volkswirtschaftliche
Leistung begründet sein. Zu Arbeit, Bildung, Können, Be-
gabung, Eignung und Zeit müssen gerechtere Zuwendungen erfolgen. Gehälter und Löhne, welche das Vierfache des
durchschnittlichen Nettolohnes (gerechnet werden alle Gehälter, Löhne und Beihilfen, auch die der Teilzeitbeschäf-
tigten, Arbeitslosen und Sozialhilfeempfänger) übersteigen,
werden ab dem vierfachen bis zum sechsfachen Durch-
schnittslohn von fünfzig bis hundert Prozent progressiv
besteuert. Somit wird das Streben nach überhöhten Gehältern vermieden und sinnlos. Der Mindestlohn richtet sich
nach einem Warenkorb der täglich gebrauchten Güter und
Dienstleistungen zuzüglich der notwendigen »Luxusgüter«.

Bestehende Verträge mit üppigen Versorgungsgenüssen,
welche sich privilegierte Menschen gegenseitig unter-
schrieben haben, werden gekündigt. Durch Mehrfachbe-
schäftigungen werden die Aufgaben sehr vernachlässigt
wahrgenommen, dieser entgeltlichen Ämterkumulierung
muss man ein wenig entgegenwirken, in dem man bei Ku-
mulierungen Ämter ehrenamtlich und unentgeltlich ver-
gibt. Die folgende »Ämterflucht« lässt neue Arbeitsplätze
entstehen, sehr zum Vorteil und zum Wohle aller.

Die Evolution hat unseren Drohnen ein natürliches Scham-
gefühl nicht mitgegeben, so begehren sie Prunk und Glit-
zer, deshalb muss man ihnen Grenzen setzen. Abfindungen
für Manager werden mit hunderttausend Euro, auch bei
Verträgen mit höheren Entschädigungen, begrenzt. Manager der zweiten und dritten Ebene sollten mit einem Zwei-

bis Dreifachen des Nettomindestlohnes auskommen können damit sie goutieren, dass dieser nicht zu niedrig ist.

Staatspension

Während des Wiederaufbaus und der Hochkonjunktur hat sich die Sozialpartnerschaft entwickelt und daraus ist der so wichtige Generationenvertrag entstanden. Dieser stellt sicher, dass die Erwerbsgesellschaft die (Volks-)Pensionen garantiert. Das ist die beste Form einer Pensionsregelung, weil sie von den Schwankungen des Geldwertes unabhängig ist. Pensionsversicherungen auf privater Basis, also Pensionen mittels Versicherungen auf Aktienbasis anzusparen, birgt die Gefahr in sich, dass eines Tages die Aktien und somit die Zusatzpensionen wertlos werden. Aufgrund dieser Risiken gab es die Bemühungen um einen Generationenvertrag, wo die Jungen für die Alten sorgen.

Die staatlichen Pensionen haben eine Bandbreite bis zum Vierzigfachen einer Mindestpension, das ist sehr ungerecht. Eine leistungsgerechte Volkspension soll in der Verfassung festgeschrieben werden. Sie wird nach dem Leistungsbezug der aktiven Zeit berechnet. Die höchste Pension darf das Zweieinhalbfache einer Mindestpension nicht übersteigen, weil Gutverdienende in ihrer aktiven Zeit alle elementaren Güter (Haus, Wohnung, Information, Bildung) beschaffen konnten. Mit diesem regulierenden Faktor können wir uns das System auch finanzieren, man braucht bei Bedarf nur die Basis oder auch den Faktor verändern.

Hohe, leistungsfremde Pensionen werden damit eliminiert. Die Mindestpension richtet sich nach einem sozial gerechtfertigten Warenkorb des täglichen Gebrauchs und üblicher gesellschaftlicher Ansprüche. Jeder Mensch hat die Möglichkeit, sich durch privates Ansparen eine bessere Pension zu gönnen.

Bestehende Betriebspensionen, Mehrfachpensionen und andere Zuwendungen gehen in die »Volkspension« auf, sodass sich die staatliche Pension um den Betrag der jeweils bezogenen Betriebspensionen verringert. In Zukunft wird

dies das Aus der Betriebspensionen bedeuten, was ich für
wünschenswert halte. In Zeiten der Flexibilität sollten sich
Unternehmen nicht mit Vorsorgeleistungen abmühen müssen, jeder soll privat vorsorgen, wenn er das zusätzlich zu
seiner »Volkspension« noch wünscht. Es ist auch gerechter,
weil Betriebspensionen zum Großteil nur in geschützten
Bereichen gewährt werden, man denke an die Energieversorgungsunternehmen, an alle staats- und landesnahen
Betriebe und an die Informationsgesellschaften, wo der
Einzelne, auch der Mindestpensionist oder der Arbeitslose,
über den Strom- oder Gaspreis die Pensionsansprüche, wie
auch überhöhte Abfindungen der dort Beschäftigten oder
der vorübergehend karenzierten Politiker mitbezahlt. Der
freie Jobzugang zu diesen Unternehmen ist nicht gegeben,
weil diese Stellen von den dort Beschäftigten an ihre
Günstlinge vergeben werden oder für den Wiedereinstieg
ehemaliger Politiker in die Wirtschaft freigehalten werden.
Ex-Politiker, die in solche Unternehmen eintreten, kommen
so in den Genuss der von ihnen beworbenen Betriebspensi-
onsregelungen. Privatfirmen, insbesondere Gewerbetreibende und Kleinbetriebe, kümmern sich nicht um eine
Firmenpension ihrer Mitarbeiter. Daher wird eine große
Gruppe von Arbeitnehmern erhebliche Nachteile haben,
wenn sich das Pensionssystem, wenn auch nur zum Teil,
auf die betriebliche Vorsorge stützt und die staatliche Pension dadurch immer weiter abgebaut wird, die Vorsorge
durch Betriebspensionen oder andere Modelle aber nur
wenigen zuteil wird. Das ist ungerecht. Bestehende Betriebspensionen und ähnliche Versorgungsansprüche müssen in der Volkswirtschaft dienlichen Unternehmen wie
Energieversorgungsunternehmen und in allen staats- und
landesnahen Betrieben aufgelöst werden, sodass die Strom-
und Gaspreise entsprechend gesenkt werden können.

Die bestehenden Pensionsansprüche (ASVG, Beamte, Politiker, andere) sollen demnach sofort und ohne Übergangs-
zeit auf solch eine Volkspension umgestellt werden. Es wird
wenig Aufschrei geben, diejenigen, die bislang weniger bekamen, werden sich der Erhöhung freuen, für einen Großteil bleibt es gleich und jene, die mehr als zweitausendfünf-

hundert Euro aus all ihren Ansprüchen - abgesehen von einer direkten privaten Vorsorge - bekamen, haben höhere Bildung genossen und werden die Verminderung ihrer Pensionen aufgrund ihrer geistigen Kapazität hinnehmen. Sie werden sehr froh sein, wenn sie die zu üppig geschöpften Pensionen aus dem Gemeinschaftsvermögen nicht zurückzahlen müssen. Ein Beitrag zum Generationenvertrag.

Alle weiteren Pensionsbegehren müssen über eine private Vorsorge angespart werden, was dem derzeitigen Trend in der Politik sehr entgegenkommt. Mögen uns recht viele mit gutem Beispiel vorangehen! Eine gewisse Scheu, solcherart Privatvorsorge über Fonds und Aktien zu tätigen, lässt sich schon heute bei Politikern beobachten. Es ist gut möglich, dass sie schon jetzt erkennen, dass derzeit diese Fonds in Ansparung sind, jedoch wenn nach Jahrzehnten alle auf einmal ihr erspartes Geld haben wollen, werden diese Fonds - wie bei größeren Aktienverkäufen auch - in ihrem Wert drastisch sinken. Die Spekulanten haben in der Zeit des Ansparens ihr Geld, die Zinsen, ins Trockene gebracht und in Realitäten transformiert, dem Bürger wird sein Superfonds in Richtung Megaschwund mutieren. Weil Aktiengewinne in Realitäten umgewandelt werden, ist es notwendig, diese Realitäten über Steuern wieder ins Volksvermögen zurückzubringen, um nicht in die Abhängigkeit der »Vermieter« zu kommen. Abgezahlte Zinsburgen werden günstigst von der Gemeinschaft in Gebrauch genommen. Es wird keinen Sinn haben, Realitäten zu horten, auch denen wird nichts »erspart« bleiben.

Es kann nicht sein, dass der Generationenvertrag erst mit dem Ableben der derzeitigen Rentner respektiert und effektiv umgesetzt wird. Die Argumentation, dass von der derzeitigen Generation der Pensionäre Werte geschaffen wurden, die den Jungen jetzt zur Verfügung stehen, was die gegenwärtigen hohen Pensionen rechtfertigen soll, ist nicht zulässig, weil unser Land weiterhin verschuldet ist und die Folgegenerationen diese Schulden tragen müssen. Damit sollen keineswegs die Menschen der Generation beleidigt werden, die im Wiederaufbau die Werte schweißtreibend geschaffen haben und heute selbst von geringen Pensionen leben. Aber es gibt solche, die es sich schon immer bequem eingerichtet, übermäßig abgeschöpft und sich selbst mit fettesten Pensionen bedacht haben, die sie sich untereinander selbst genehmigten. Diese Gruppen trugen vollends zur Verschuldung bei. Sparguthaben und aufgehäufte Realitäten sind großteils nur bei Privilegierten zu finden, der Abbau der Staatsschulden muss aber von allen getragen werden. Das ist ungerecht und berechtigt zum sofortigen Eingriff in bestehende Verträge, wo Pensionen, Abfindungen und sonstige ungerecht üppige Entnahmen betroffen sind.

Sind wir erst einmal pensioniert, sind wir irgendwie alle gleich: Wir arbeiten nicht mehr aktiv und genießen unsere Freizeit, wir gehen mit unseren Katzen und Hunden spazieren, füttern Tauben oder vertreiben uns die Zeit in Kaffeehäusern. Wir granteln wegen unseres Nicht-Gebraucht-Werdens herum oder erfreuen uns in unserer Freizeit mit Sex; jedoch die Libido lässt nach ...

Wirtschaftspolitik

Die Wirtschaftspolitik nimmt zu wenig Rücksicht auf unsere Umwelt. Sie nimmt keine Rücksicht auf eine gerechte Verteilung des von uns allen geschaffenen Wohlstandes. Die Mehrwerte werden der Hochfinanz und ihren Nachkommen zugearbeitet und sie liegen dort für Generationen zu deren alleinigem Verzehr brach. Es ist ungerecht, dass sich diese Gruppen über die Wirtschaftsleistung eines Volkes bereichern. Für einen Wirtschaftsaufschwung werden immer mehr unnötige Güter (Müllgüter) und Dienstleistungen (in Neppstationen) erzeugt bzw. angeboten, und mit Werbung werden uns deren Notwendigkeiten suggeriert, damit werden aber Rohstoffe vergeudet und die Umwelt belastet.

Das operative Wirtschaften verlor immer mehr an Bedeutung. Mit dem Jahresabschluss war und ist die kaufmännische Arbeit oft getan, urplötzlich aber steht man vor »überraschenden« Firmenzusammenbrüchen, auch hinter Firmenzusammenschlüssen verbergen sich nicht selten abgewendete Katastrophen. Prüfer erhalten oft nur dann den Prüfungsauftrag, wenn sie eine »richtige Bilanz« schreiben, für unsere wirtschaftliche und gesellschaftliche Zukunft sind diese Lügen schädlich.

Politiker kamen oft nur deswegen in ihrer Funktion als Eigentümervertreter in Bedrängnis und in die Abhängigkeit von ihren Beratern, weil die Gesetze fiktive Bewertungen und Darstellungen der Unternehmensgebarung zulassen. Ist man einmal in diesem Bewertungssumpf, braucht man Jahr für Jahr einen guten, teuren Berater, um sich in diesem Morast fortzubewegen. Der Krug jedoch geht solange zum Brunnen, bis er bricht, danach gibt es sinnlose Rücktritte von an sich guten Politikern. Um das zu vermeiden, sollten wir alle um eine zuverlässige Darstellung des Geschäftsverlaufes bemüht sein. Es soll dem Gesetz nach möglich werden, diejenigen, die absichtlich täuschen, von ihrem Sessel weg zur Verantwortung zu ziehen, um diese scheinheiligen Ausreden des »legalen wirtschaftlichen Scheiterns« einzudämmen.

Jedes Unternehmen kann in Schwierigkeiten geraten. Die derzeitige Rechtslage erkennt ein Scheitern aus wirtschaftlichen Gründen an, was an sich sinnvoll ist. Diese Idee wird allerdings missbraucht. Es gibt viele Fälle von vorsätzlichem Scheitern, in denen das Privatvermögen (oft der Kinder und Ehefrauen) steigt und die Firma mutwillig in Konkurs getrieben wird. Die Hausbanken, auch die Finanzverwaltung, gewähren aufgrund ihrer eigenen Unvorsichtigkeit oder wegen persönlicher Vorteile für Manager oder Beamte dem Unternehmer einen »stillen Ausgleich«, einen Steuernachlass. Es ist unfair, wenn immer die Allgemeinheit für diese Wertberichtigungen aufkommen muss, die Bosse aber zuvor mit Gewinnausschüttungen dem Unternehmen viel Geld unrechtmäßig entzogen haben.

Eine Finanztragödie wie die eines italienischen Großkonzerns, wo der Eigentümer allein als Bösewicht vorgeschoben wurde, ist in einer »bargeldlosen Gesellschaft« mit der »Einkontopolitik« sicher nicht mehr so leicht möglich. Wahr ist, dass ein Sünder allein eine Summe von vierzehn Milliarden (!) Euro nicht veruntreuen kann. Von einer Mitschuld der Großlobbyisten und Konzerne hört man wenig. Niemand soll aber glauben, dass wir nicht durchschauen, was hier läuft, denn, das Geld wird sich nicht in Luft aufgelöst haben, es wird wohl einer bestimmten Gruppe zugeflossen sein.

Sehr zum Unverständnis schüttet eine Bank oder Versicherung an ihre »Eigentümer« Gewinne aus. Eine Bank entstand zu Urzeiten aus dem Grund, dass Güter nicht mehr gegen Güter und Dienstleistungen getauscht werden mussten, indem als »Zwischenhandel« Geld eingesetzt wurde. Geld dient uns als Mittel des Leistungs- und Warentausches. Warum geben Banken und Versicherungen ihre »Zwischengewinne« nicht wieder zurück, in Form von besseren Kredit- oder Sparkonditionen oder niedrigeren Prämien? Wer sind diese »Eigentümer« und Nutznießer, die ohne Beitrag eigener Leistung zweistellige Renditen von unser (!) aller Geld erhalten und dafür Mitarbeiter kündigen, Sparzinsen fallen und Kreditzinsen steigen lassen, um diese zweistelligen Renditen schöpfen zu können, wer sind sie?

Aus Motiven des Bürgerschutzes und weil viele Insolvenzen so (un-)durchsichtig sind, bemühe ich mich bei Institutionen (BIS, EU-Markt-F2, EU-Markt-G4, WKO, FMA, KWT, Ministerien usw.) um die Einführung des Mehrjahresberichts, um mehr Transparenz. Bislang wurde dieser Vorschlag nicht angenommen. Mag sein, dass es nicht im Interesse der Unternehmen, Kammern und großen Prüfgesellschaften liegt, sachlich aber halte ich es für notwendig. Selbstständige (Land- und Forstwirte, Freiberufliche, Gewerbetreibende usw.) müssen im Hinblick auf die technischen Möglichkeiten der Steuereinbringung mit den Unselbstständigen gleichgestellt werden. Mit einer »Einkontopolitik« und dem »Bargeldlosen Leistungsverkehr« wäre dieses leicht umzusetzen. Bis zum Ende hin durchgedacht, könnten viele Reformen mit ihren schier unerschöpflichen Möglichkeiten eingeleitet werden und viele offene Fragen der dubiosen (Parteien-)Finanzierungen könnten damit beantwortet werden. Mit gut ausgeklügelten Prüfroutinen kann das Finanzamt direkt beim Unternehmens- und Bürgerkonto aufsetzen und alle nur erdenklichen Quervergleiche (weltweit) anstellen. Das Bank- und Steuergeheimnis wird in Abstimmung gebracht, und wenn es gewünscht wird abgeschafft, weil es nur jenen nützt, die etwas zu verbergen haben. Der uns aufgedrückte »Schutz des kleinen Sparers, des Bürgers« ist eine Täuschung, wir wissen es und durchschauen die wahren Absichten unserer Herrschaft.

Erwirtschaftetes Vermögen steht allen in gerechten Teilen zu. Ich denke, dass auch andere Parteien diese faire Grundhaltung gutheißen, schließlich gibt es nichts Christlicheres, als ehrlich die Steuern zu zahlen und ehrlich zu wirtschaften, damit die Nächstenliebe den Bedürftigen auch finanziell zuteil werden kann. Sozial ausgerichtete Institutionen (Caritas, Entwicklungshilfen, Sozialinstitute) kämpfen oft aussichtslos um notwendige Mittel. Es ist eine Schande, wie Millionen von Menschen in der Dritten Welt vor sich hinvegetieren, in unvorstellbarem Leid. Diese Regionen sind über Jahrhunderte beraubt worden, beraubt für unseren Wohlstand von den Mächtigen in ihrem eigenen Land.

Alle erzeugten Güter und erbrachten Dienstleistungen müssen auf ihre Notwendigkeit hin geprüft und bei größerem Grundstoffverbrauch auch beglaubigt werden. Güter oder Dienstleistungen, welche ausschließlich nur der urbanen Belustigung dienen, großen unnötigen Ressourcenverzehr haben und für den Einzelnen erhebliche Nachteile bringen sowie gesundheitsschädigend sein könnten (z. B. übergroße Personenkraftwagen, unnötiger Gütertransport, Spielhöllen), werden sehr eingeschränkt erlaubt.

Durch Transparenz und das Offenlegen der operativen Ergebnisse wird die Unternehmenskultur nach innen und außen erheblich verbessert. Unternehmen müssen gegen Insolvenz versichert werden. Verluste dürfen nur in wenigen aufeinanderfolgenden Jahren gemacht werden (z. B.

Anfangsverluste, Restrukturierungsverluste) und sie dürfen die Versicherungssumme nicht überschreiten, reine Verlustbeteiligungen zur Steueroptimierung dürfen nicht eingegangen werden. Insolvenzen sind mit allen erdenklichen Mitteln abzuwenden. Die Unternehmen werden von der Belegschaft geführt, sie bestimmt die wirtschaftliche Ausrichtung. Führungspersonen können allein keine Bediensteten entlassen, das können sie nur im Einverständnis der Mitarbeiter tun. Bei Aufgabe des Unternehmens müssen die Schulden beglichen werden. Manager eines Unternehmens sind keine Kriminellen, oft verleiten selbst auferlegte gesellschaftliche Zwänge zu dubiosen Verhaltensweisen, was wiederum auf eine Art Prostitution hinweist, die wir keinesfalls als notwendig erachten.

Es geht um die Zurückdrängung aller größeren Dummheiten der Menschheit. Die Menschen sollen Sinnvolles tun. Sie sollen nicht durch »Brot und Spiele« bei Laune gehalten werden. Sie sollen wissen, was sie wert sind, und ihren Wert auch einfordern. Es müssen Wirtschaftssysteme entstehen, in denen auch während einer Rezession die Menschen gerecht und würdig leben können. Gezielte Rezessionen, das Zurückfahren der Produktionen zum Erhalt der Ressourcen und zum Schutze der Umwelt, müssen in Zukunft stattfinden, mit einhergehen muss die Arbeits- und Wohlstandsumverteilung.

Arbeiter, Angestellter und Unternehmer

Die Einteilung in Arbeiter, Angestellte und Unternehmer schafft Ungerechtigkeiten. Diese Einteilung ist aus der Vergangenheit heraus entstanden und uns über Generationen mit viel Mühe und Sorgfalt als naturgegeben eingeredet worden. Ein Einmannunternehmer ist nichts anderes als ein Angestellter seiner selbst.

Niemand hat eine schlechte Meinung von guten Unternehmern, gewiss nicht. Sie sind die Stützen unserer Gesellschaft. Diejenigen, die noch dazu soziale Verantwortung tragen, sind hoch gelobt. Wir wollen viele solche guten Unternehmer sein. Dazu müssen andere, die nur auf ihren persönlichen Reichtum schauen, verdrängt werden. Ihre Mitarbeiter sollen Alternativen bekommen, um solche Unternehmen - z. B. Aktiengesellschaften, wo die Gewinne nur wenigen zugutekommen - verlassen zu können.

Arbeiter und Angestellte müssen ihr Unternehmen, wenn es vordergründig nicht mehr rentabel ist, selbst in die Hand nehmen können, ihnen muss per Gesetz die Möglichkeit geboten werden, das Unternehmen in Selbstverwaltung fortzuführen. Wenn ein Unternehmen unwirtschaftlich geworden ist, ist es anständig, den Schlüssel an die Belegschaft zu übergeben, damit sich diese dann noch einmal beweisen kann. Die gesamte Belegschaft wird die Unternehmensentwicklung sehr motiviert und sehr wachsam verfolgen, auch ohne ihr vorheriges Management; es werden sich die Angestellten nun erlöst fühlen.

Derzeit werden viele Unternehmen ans Ausland verkauft, und jede Entscheidung über das Unternehmen liegt in fremder Hand. Viel erarbeitetes Vermögen geht dem Volk dadurch verloren. Sollen die Konzerne durchaus in Billiglohnländer abwandern, das Know-how, die Maschinen, die Arbeitskraft liegt in der Belegschaft. Produzieren und verkaufen wir doch einfach weiter, wenn der Unternehmer »der selbst ernannte, mit Krediten auftretende Eigentümer« geht, soll er doch gehen, in Fairness gebe man ihm das Werkzeug, damit er seine Großanlagen mitnehmen kann. Der beste und günstigste Zeitpunkt zur Weiterführung und zum Übergang zur Selbstverwaltung ist gerade solch ein Augenblick. Mag sein, dass dieses den mächtigen Unternehmern sauer aufstößt, sie wissen aber nur zu gut, dass ihnen vieles an Vermögen, ohne entsprechende Gegenleistung, zugearbeitet wurde, dass sie Geld auch dann entnommen haben, als sie kein operativ positives Ergebnis vorweisen konnten und dieses Geld nur mittels neu aufgenommener Bankgelder ausgeschüttet werden konnte. Und sie wissen, dass es nur in dieser Zeit, in der sie die Regeln zu ihren Gunsten aufgestellt haben, möglich war, Gelder auf diese Art zu entwenden. Sie sollen bedenken, dass die Vorgängergenerationen, die unsere Wirtschaft und unseren Wohlstand aufgebaut haben, nicht derart derb und ungeniert in den Topf gegriffen haben wie sie, ihre Söhne und Töchter; diese alten Herren, ihre Väter, waren noch Sirs. Sie wissen aber auch, dass alles unrechtmäßig entnommene Geld Schulden hinterlässt, die die Folgegenerationen begleichen müssen und von denen wieder nur die fleißigen Arbeiter und Angestellten, weil die Nachkommen der Reichen es anständig finden, wenn ihnen das Geld schon in die Wiege gelegt wird. Und sie wissen, dass das einmal alles ein Ende hat, und dieses Ende soll jetzt angebrochen sein.

Fremdkapital wird zu Eigenkapital, wenn es Gewinn abwirft. Man gründet eine Firma mit Fremdkapital (Bankhaftungen), stellt Mitarbeiter ein und lässt sie gewinnbringend arbeiten. Damit wird ursprüngliches Fremdkapital zu Eigenkapital transformiert. Früher standen die Knechte und Sklaven unter Peitschenhieben an den Werkbänken und erarbeiteten den Feudalherren schweißtreibend Eigenkapital. Heutzutage wird dieses mit Psychopressing erreicht. Wehe dem, der länger krank ist! Sein Platz wird neu besetzt, auch ein Pott an Arbeitslosen macht die Gesellschaft gefügig; denn wenn einer kritisiert, wird er in die Arbeitslosigkeit gedrängt und nach dem Willen der Mächtigen erzogen. Danach geht jeder, gedemütigt, gerne wieder arbeiten, um sich und seine Familie zu ernähren.

Oft ist es so, dass Firmen aus Krediten entstehen, dass Eigenkapital ebenfalls auf Krediten beruht. Das ist unser aller Geld. Es ist befremdlich, wenn ein Unternehmer seine Mitarbeiter nach seinem Gutdünken beherrscht und sich auch mit Fremdkapital, über das er bestimmt, als Vorgesetzter und Eigentümer wahrnimmt. Er sollte eher glücklich sein, dass er dank des fremden Geldes besser verdienen wird als all seine Mitarbeiter, die ihm mit ihrer Arbeit sein Wohlergehen ermöglichen und sein vormals aufgenommenes Kapital in sein Eigenkapital umwandeln. Es wäre nicht abwegig zu denken, dass aufgenommenes »Eigenkapital«, also Fremdkapital, niemals dem Firmeninhaber zufallen sollte, weil es die Belegschaft mit ihrer Leistung erarbeitet hat. Diese feudalherrschaftlichen Strukturen müssen wir abschaffen, es ist höchste Zeit.

Arbeitsmarkt

Die Zahl der Arbeitslosen ist sehr hoch, und die elektronischen Möglichkeiten, der technische Fortschritt und die Umweltsituation werden noch Millionen von Arbeitsplätzen vernichten, so ist es nicht wahr, dass mit dem Geburtenknick die Arbeitslosigkeit in zehn Jahren zurückgeht. Sie wird bei einer herkömmlichen Wirtschaftspolitik enorm steigen: Das sind dann die Grenzen des Neoliberalismus, der freien Marktwirtschaft. Arbeitslosigkeit, Umweltverschmutzung und Armut werden immer nur mit guter Politik bekämpft werden können. Sollten wir es schaffen, diese Ethik politisch umzusetzen, haben wir eine schöne Zukunft. Schaffen wir diesen Übergang, diese Umverteilung nicht, gibt es fürchterliche Kriege und Gehässigkeiten.

Mit Gewalt gepuschte Wirtschaftsaufschwünge verbrauchen Grundstoffe und belasten die Umwelt. Die Arbeitslosigkeit wird ideologisch missbraucht. Hohe Arbeitslosigkeit treibt viele in Interessenvertretungen, sogenannte Netzwerke. Sie bindet die Menschen im Glauben an Hilfestellung an Institutionen, welche dann aus deren Mitgliedsbeiträgen ihr eigenes Überleben sichern. Die Arbeitslosen werden von einer Schulung zur anderen motiviert, gedient ist ihnen damit nicht. Aus dieser ausweglosen Situation entstehen die Ich-Gesellschaften, viele Menschen werden zu Tagelöhnern. Die Manager und die mächtigen Gruppen wissen sehr genau, dass das derzeitige System mit einer hohen Arbeitslosenquote besser für ihre Aktiengewinne ist, weil Arbeitslose nur ein Minimum an Vergütung bekommen. Im Falle einer Arbeitsverteilung auf alle Menschen müssen sie dann in Summe mehr an Gehältern zahlen, als die Arbeitslosen das System kosten. Auch die Maschinensteuer oder die Grundsicherung richtet sich nach dem Minimum der Arbeitslosenkosten. Aktionäre und Wirtschaftsbosse wollen zur Sicherung ihrer Gewinne und ihrer Macht gezielt diese hohe Arbeitslosigkeit halten, jedoch nur soweit, dass nicht die Gefahr eines Volkssturmes aufkommt.

Mit einer Aufklärung der Menschen über diese Machenschaften könnte ein solcher aber jederzeit losbrechen, denn nicht nur ein Arbeitsloser kann logisch begründet werden, die Arbeitslosen ertragen mit ihrem geringen Einkommen das Leid für die hohen Gewinne der Mächtigen. Die Wirtschaftstreibenden sind heute mit ihrem System nicht in der Lage, genügend Vierzig-Stunden-Arbeitsplätze für alle bereitzustellen, somit ist die Arbeitslosigkeit eines Menschen ein ungerechtes Schicksal. Es kann auch nicht jeder Bürger Unternehmer werden, weil sonst jeder in seinem Geschäft steht und wartet, bis ein Kunde kommt; es kommt aber keiner, weil jeder Unternehmer ist und wartet - echt blöd.

Jeder muss eine entsprechende Arbeit haben dürfen, wenn er arbeiten will. Solche, die können, sich aber nicht einbringen wollen, müssen dazu angehalten werden. Solche, die wollen, sich aber nicht einbringen können, müssen vom Sozialsystem aufgefangen werden. Alle Menschen wollen einen Beitrag für die Gesellschaft leisten, sie wollen gebraucht werden. Dazu muss die Arbeitsmarktpolitik gesetzlich geregelt werden, indem jeder ein Recht auf eine entsprechende Arbeit hat, das heißt, die vorhandene Arbeit muss umverteilt und die Arbeitszeit immer wieder neu angepasst werden. Finanziell ist so ein System leistbar. Rechnet man zu den Kosten für die Arbeitslosen alle Gewinne (für Österreich: sechs Milliarden Euro in einem Jahr bei den Banken, siebzig Milliarden Euro lt. Presse liegen in Stiftungen) hinzu und würden die Managergehälter einen Leistungsbezug haben, also um vieles geringer sein, und versteuerte man die Gehälter ab dem Sechsfachen des Durchschnittslohns zu einhundert Prozent, so könnte man problemlos allen Menschen Arbeit mit einem Vollerwerbslohn geben. Die Fleißigen, die »Stützen der Gesellschaft«, wie sie sich gerne selbst sehen, müssen erkennen, dass es Tausende gleich gute Fleißige gibt, hätten sie nur ihre Position oder Arbeit. Sie dürfen ohne Angst und Scheu den anderen den zweiten halben Tag arbeiten lassen, er wird seine Sache ebenfalls bestens tun, wenn nicht noch besser als sie selbst. Auch der neben dir hat das Recht auf Wohlstand. Anderenfalls wäre es nur gerecht, wenn man diejenigen, die keine Arbeit haben und somit vom Wohlstand ausgesperrt sind, die Möglichkeit gäbe, sich einen Platz zu erkämpfen, um an der Verteilung teilzuhaben. Wollen wir das?

Gesundheitswesen

Jede gesellschaftliche Gruppe leistet sich eine eigene Krankenkasse mit eigenem Rechenzentrum, um aus ihrem sozialen Status heraus bessere Leistungen zu beziehen. Diese vielen Kassen sind in ihrer Verwaltung sehr teuer.

Um Verwaltungskosten zu sparen, werden alle Krankenkassen zu einer Kasse und einem Rechenzentrum zusammengeführt. Als Vision könnte die komplette Leistungsabrechnung und Finanzierung über das Finanzamt erfolgen. Gleiche Leistungen für alle. Der Beitrag zum System richtet sich zu einem variablen Prozentsatz nach dem Jahresverdienst. Unternehmenssteuern tragen ebenfalls zur Finanzierung bei. Sollten sich einige zusätzliche Luxusleistungen (Einzelzimmer, nicht jedoch die medizinische Versorgung, sie ist für alle gleich) wünschen, müssen diese aus den privaten Versicherungen bezahlt werden.

Es darf keine Klassen im Gesundheitssystem geben. Die frei werdenden Gelder aus der Zusammenführung der Kassen stehen für Gesundheitsleistungen und für Leistungen der Altenbetreuung zur Verfügung. Niemand darf zur privaten Eigenvorsorge gezwungen werden.

Medien

Medien stehen unter einem politischen und wirtschaftlichen Druck. Wichtige Berichte werden nicht zur optimalen Zeit an die größtmögliche Zuseherzahl gesendet. Das ist untragbar - es verhindert Aufklärung und Informationsvermittlung. Viele Medien werden mit einer Förderung am Leben erhalten, sie werden dadurch politisch abhängig und manipulierbar. Die leitenden Angestellten in diesen Mediengesellschaften beziehen oft eine Zusatzpension oder andere Versorgungsgenüsse, was sie noch weiter in die Abhängigkeit treibt. Alle Medien werden in Zukunft eine größere Aufgabe und Verpflichtung wahrnehmen müssen, als sie es derzeit tun, sie werden unabhängige Beiträge zum Wohle aller leisten. Wir nehmen wahr, wenn Medien lobbyistisch manipulierte Berichte bringen. Man denke an jene Sendungen, wo nur in der Nacht offen über politische Vorgänge berichtet, am Tage »abgeschwächt« oder gar nicht informiert wird. Die laufende Berichterstattung über die Käppchen tragende Kaste ist fast schon unerträglich. Wir müssen ohne Vorbehalte die Wahrheit über diese Zeiten erfahren dürfen, wenngleich das nicht einfach ist. Themen, die den Vorteilen einer mächtigen Klientel dienen, sind zu ignorieren. Wir dürfen nicht durch die Androhung unpopulärer Maßnahmen verunsichert werden, wenn es solcher (noch) nicht bedarf. Oft wird allein zum Machterhalt der Mächtigen der Bürger bewusst in die Irre geführt, wenn ihm suggeriert wird, dass nur er sparen müsse. Wenn Berichte über eine schlechte Wirtschaftslage, über Schuldenprobleme der Kommunen gesendet werden, soll man auch über die Ursachen (sei es Vergeudung des Volksvermögens oder viel zu gierig kassierte Versorgungsgenüsse genusssüchtiger Personen, überhöhte Zins- und Aktiengewinne) berichten. Wichtig ist, dass uns alle Handlungen, die kriminell fahrlässig mit unserer Zukunft umgehen, vermittelt werden, und dass wir uns endlich darauf sensibilisieren, unser Verhalten zum Guten auszurichten, und dass jeder ein anständiges Verhalten von jedem erwarten und einfordern kann. Auf öffentliche Medien darf niemand Einfluss nehmen. Alle von öffentlicher Hand geförderten Unternehmen sind Non-Profit-Unternehmen und dürfen in ihrer Gebarung keine Unternehmenspensionen oder andere Versorgungsgenüsse aufweisen. Die Medien sind in ihrer Berichterstattung frei, sie berichten ohne Verhetzung objektiv und schonungslos. Neuen Parteien werden kostengünstig ebenso lange Sendezeiten und die gleichen Seitenzahlen in Printmedien wie den Altparteien gewährt. Medien dürfen keine Partei bevorzugen oder willkürlich nachteilig über Institutionen und Parteien berichten, sie müssen neutral sein. Geförderte Medien haben ausschließlich einen Informations- und Bildungsauftrag, sie unterliegen dem Mediengesetz.

Vetternwirtschaft

Proporz ist menschenverachtend und einer modernen Gesellschaft nicht würdig. Alle Einrichtungen des Gesell-
schaftslebens müssen chancengleich für jeden, auch ohne
Fürsprecher, frei zugänglich sein. Neben den Kammern
haben sich private Netzwerke gebildet, sie lassen ihren
Mitgliedern ungerechtfertigte Vorteile zukommen. Alle
anderen, die nicht diesen Organisationen angehören, haben
somit erhebliche, oft unüberwindbare Nachteile. Die gut
dotierten Positionen werden fast ausschließlich von begünstigten Personen, meist sind es die Söhne und Töchter der
politischen und wirtschaftlichen Elite, eingenommen. Wegen des Mangels an guten Positionen werden jüngst auch
normale Stellen mit solchen Günstlingen besetzt. Hochbe-
gabte und bestens ausgebildete Menschen sind deswegen
arbeitslos geworden und viele werden es dadurch noch werden. Die Netzwerker handeln aus persönlichen Motiven,
das ist für die Gemeinschaft unbrauchbar.

Die Ethikbewegung schwört jedem Proporz ab und trachtet
nach Chancengleichheit in allen Lebenslagen und Stellen-
besetzungen. In der Vergangenheit vergebene Führungspositionen in volkswirtschaftlich wichtigen staatsnahen Unternehmungen und Ämtern werden neu ausgeschrieben.
Menschen, welche aus ihrer befristeten sozialen Tätigkeit
(z. B. Politiker, Nothelfer) in die Wirtschaft zurückkommen,
werden bei ihrer Eingliederung ins normale Arbeitsleben
unterstützt. Netzwerke, welche in der Vergangenheit nur
jene Menschen am Arbeitsleben und somit am Wohlstand
teilhaben ließen, die sich ihnen angeschlossen hatten, werden eliminiert, weil sie nicht mehr benötigt werden.

Die Gesellschaft wird von den mafiaähnlichen Strukturen
der Illuminati befreit. Geheime, schädliche Logen werden
untersagt, die Mitglieder gelistet und die Organisationen
aufgelöst. Menschen mit Führungsqualitäten übernehmen
die wichtigen Positionen, sie verstehen die unterschiedlichen Charaktere und sie formen aus dieser Vielfalt ein
gutes Gemeinwohl, in dem sich niemand mehr von »raffgierigen Managern« bedroht fühlen muss. Wir müssen die

Menschen von Abhängigkeiten befreien, damit wieder Lebensfreude einkehrt. Die Menschen müssen sich wieder etwas sagen trauen und sollen nicht mehr Angst haben, wenn sie Missstände aufzeigen, die sie nicht haben wollen.

Umwelt

Einzelpersonen aus dem Kreise der »Betuchten« betreiben für ihre Gewinne einen Raubbau an allen natürlichen Vorkommen unserer Erde. Diese Gruppe ignoriert, dass unsere Rohstoffe begrenzt sind, und denkt nicht daran, dass sie auch unseren Nachkommen überlassen werden müssen. Durch die Ausweitung des uneingeschränkten Marktes nach Osten steigt auch dort der Verbrauch an Gütern und somit an Materialien. Der Westen gerät durch das jetzige Wirtschaftssystem (Wohlstand nur durch Wirtschaftsaufschwung) unter Konkurrenzdruck und tätigt andauernd neue Investitionen, was wiederum unnötige Güter (Müllgüter) entstehen lässt und unnötig Rohstoffe verbraucht. Ein Teufelskreis (Wirtschaftsaufschwung kontra Umweltbelastung), dessen Auswirkung erst in Jahrzenten deutlich sein wird, dann aber irreparabel ist.

Viel Arbeit wird zukünftig zur Wiederherstellung einer intakten und gesunden Umwelt notwendig sein. Diese schöne Aufgabe wird aus den arbeitszeitlichen Reserven, welche durch die Abschaffung unnötig gewordener Verwaltungstätigkeiten und unnötig erzeugter Müllgüter frei wurden, bewältigt. Für die Ethikbewegung ist die Umwelt ein Gut mit Grundrechtscharakter, besichert durch neue Gesetze wird sie geschont und wieder erlebenswert.

Ethische Regelungen

Viele Verhaltensregeln gewährleisten das Zusammenleben untereinander, was auch sinnvoll ist. Vor hundert Jahren, als die ersten Autos aufkamen, fuhren die wenigen Fahrzeuge mitten auf der Straße, jedoch mit Zunahme des Verkehrs musste die Rechtsfahrregel erlassen werden. Sind Regelungen politisch oder durch Glaubensbekenntnisse motiviert (Rauchverbot, Priesterweihe ausschließlich für Männer), sollten wir sie überdenken. Regelungen, welche eher einem Zeitgeist gehorchen, sollten außer Acht gelassen werden, weil sie die Lebensfreiheit einschränken.

Oft wird der Leitsatz »Mehr privat, weniger Staat« propagiert und von vielen ohne Nachdenken angenommen. Die vorteilhafte mediale Aufbereitung lässt uns nicht erkennen, dass auch Gefahren - die Ausbeutung - hinter dieser Entwicklung verborgen sind. Die Kapitalmacht und die Globalisierung sind nicht demokratisch abwählbar, deshalb muss die Politik die Regeln für ein Miteinander aufstellen, Politiker dürfen nicht von den Kapitalisten gelenkt und geleitet werden, sonst werden sie einmal vom Volk verjagt und abgewählt. Euch, ihr Politiker, euch kann man abwählen. Tut etwas dagegen oder das Volk nimmt es euch aus der Hand!

Der Staat stellt sich schützend vor die Menschen, wenn ihnen Druck aus Institutionen widerfahren sollte, wenn aber staatliche Einrichtungen diese Macht missbrauchen, werden die Verantwortlichen schonungslos zur Rechenschaft gezogen. Viele Bereiche werden wieder in die Staatshoheit geführt, damit sich »private Anleger« nicht bereichern oder Situationen zu ihren Gunsten ausnützen können. Das soll nicht als »mehr Staat, weniger privat« verstanden werden, sondern ist eine logische Handlung, damit die Menschen nicht von raffgierigen Personen ausgenützt werden. Ein Staat, eine staatliche Institution handelt nach den Regeln des Gesetzes anonym und nicht nach persönlichen Empfindungen. Ein Staat ist um vieles gerechter, seine Handlungen sind dem Gesetz treu und sind neutral. Die Neoliberalisten haben uns mit ihrem Verhalten den Glauben an die freie Wirtschaft genommen, sie haben Unrecht getan, sie haben Menschen unterjocht.

In Zukunft wird es wegen unserer maßlosen Gier und aus ökologischen Gründen, einige Einschränkungen geben müssen. Die EtP-Europa will mit guten Argumentationen solche notwendigen Regelungen glaubhaft und plausibel vermitteln, die uns und unseren Nachkommen zugutekommen werden. Alle Regelungen werden, wie das komplette Parteiprogramm, vom Volk geschrieben und abgestimmt und sind kein Diktat der Parteiführung.

Gemeinsame Sprache

Derzeit zählen siebenundzwanzig Staaten zur Europäischen Union. In diesen Staaten werden mehr als zwanzig Sprachen gesprochen. Durch die schwierige Verständigung untereinander wird geistiges Potenzial nicht sinnvoll eingesetzt, die Übersetzungen rauben Kapazitäten, welche woanders viel besser gebraucht werden könnten.

Im gemeinsamen Europa soll die englische Sprache als Lehr- und Amtssprache flächendeckend eingeführt werden. Oft dient die Sprache als nationalistisches Werkzeug, und das ist für die Zukunft der Menschheit nicht förderlich. Die einheitliche Sprache soll in zehn Jahren eingeführt sein.

Die Menschen in Europa sollen sich in jeder Ecke des weiten Kontinents und überall auf der Welt verständigen können. Es wird einmal wunderbar sein, wenn alle Menschen in allen Ländern der Erde die gleiche Sprache sprechen. Die unterschiedlichen Kulturen können auch mit einer gemeinsamen Sprache gelebt werden.

Bildungspolitik

Das Bildungssystem liegt in einigen europäischen Ländern, auch in Österreich, im Argen. Forschungen über zukünftige Gegebenheiten sind versäumt worden. Vieles an Wissen wurde vergangenheitsbezogen gelehrt, was aber für die Zukunft unzureichend ist. Die Herausforderungen der Zukunft sind oft deswegen nicht gelehrt worden, weil manche jeden Fortschritt verhinderten, um sich - im System ihrer Pfründe - eine goldene Nase zu verdienen. Universitätsprofessoren haben sich kontinuierlich ein zweites Standbein geschaffen, sie sind neben ihrer Tätigkeit an den Universitäten auch »privatwirtschaftlich« fündig geworden, sie berieten aufwandsmaximierend die Ministerien in den europäischen Staaten. Sie hatten aus ihren wirtschaftlichen Interessen heraus nicht die Motivation, ihr Bestes zu geben oder ihr Wissen vollends an die Studenten weiterzuvermitteln. Es ist auch gängige Praxis, dass einige Organisationen ihre ehemaligen »Studenten« bevorzugt in die Chefetagen von Unternehmen hineinloben, damit diese Newcomer anschließend total von ihren Beratungsleistungen abhängig sind. Die Beratungen des Finanzministeriums bezüglich des Steuersystems leisten zusehends Wirtschaftsprüfer und Steuerberater, nicht jedoch unabhängige Finanzwissenschaftler und unabhängige Professoren. Das ist nicht gut.

EtP-Europa fordert eine totale Wissensvermittlung sowie eine totale Transparenz der Lehre an Schulen und Universitäten. Um Interessenkonflikte zu vermeiden, ist die Lehre an einer Universität unvereinbar mit einem privatwirtschaftlichen Arrangement. Professoren sind in die Pflicht genommen mit den Studenten auch zukunftsweisende, fortschrittliche Forschung zu betreiben; ihnen wird ein Bildungsauftrag erteilt. Wissensvermittlung parteipolitischer Ausrichtungen ist sehr sinnvoll, wenn dieses Wissen zur Entscheidungsfindung der Bürger beiträgt oder es der Inhalt der Lehre ist, z. B. in Politwissenschaften, in Soziologie, in Wirtschaftspolitik usw.

Die Bildungspolitik darf sich nicht nach der Wirtschaftspolitik richten und sich ihr beugen, sie muss uns ein friedliches Zusammenleben lehren, damit wir für eine gute Zukunft die notwendige Produktionsrücknahme und somit die Verminderung der Umweltbelastung ohne Hass und Krieg meistern. Betriebswirte müssen volkswirtschaftlich denken und handeln, sollten sie im Studium belehrt worden sein, dass Unternehmen Handelswaren sind, müssen sie sich danach von diesem geistigen Müll lösen. Unternehmen sind keine Handelsware, wie auch Bauernhöfe nicht Handelsware der Banken sind, sie sind die Lebensgrundlagen der Menschen.

Finanzpolitik, Steuern und Abgaben

Die Finanzpolitik richtet ihre Handlungen momentan nicht zum Wohle aller aus, sondern geht zu sehr auf die Forderungen der Großunternehmen und der Aktionäre ein, das ist untragbar. Sie muss in Zukunft ausgewogen sein, sie sorgt immer für einen ausgeglichenen Haushalt, damit zukünftige Generationen nicht unnötig belastet werden.

Das derzeitige Steuersystem ist in allen Bereichen viel zu kompliziert und unüberschaubar geworden. Nur mehr hoch qualifizierte Finanzer und Steuerberater kennen sich zumindest in einigen dieser Steuervorschriften aus, einen kompletten Überblick über alle Einzelheiten schaffen nicht einmal mehr diese Spezialisten. Die Steuereinhebung ist damit immer komplizierter geworden. Immer mehr Steuerschlupflöcher sind von den Regierungsberatern, den Steuersachverständigen geschaffen worden, um diese Schlupflöcher für ihre Beratungszwecke ausnützen zu können. Das ist ein untragbarer Zustand und in seiner Logik verwerflich.

Die Besteuerung soll über das Bürger- und Unternehmenskonto im Finanzamt automatisch erfolgen. Die Durchrechnung der Steuerleistung soll sich über einen Lebensabschnitt von zehn bis zwanzig Jahren erstrecken, damit sich Einkommensschwankungen besser glätten und damit die Besteuerung gerechter sein kann. Insbesondere Künstler, also Personen mit unregelmäßigen Einkünften, sollen hiermit eine gerechtere Steuerpolitik erfahren dürfen. Demnach kann es sein, dass in schlechten Zeiten Steuergutschriften ausbezahlt werden, wenn in guten Jahren zu viel abgeführt wurde.

Die Unternehmen sollen über den Durchschnitt einer mehrjährigen Ein- und Auszahlungsrechnung, somit über das durchschnittliche Ergebnis der Zahlungsströme und nicht mehr aufgrund der herkömmlichen Gewinn-und-Verlust-Rechnung über das Unternehmenskonto, direkt beim Finanzamt besteuert werden. Dadurch wird eine größere Abschlusssicherheit erreicht, mehr Transparenz geboten und Bewertungsspielräume weitgehend abgeschafft. Im Detail: Die herkömmlichen Abschlüsse mit Bilanzen, Gewinn-und-Verlustrechnungen und den Cashflow-Statements müssen um eine direkte Geldflussrechnung mit Bankanfangs- und Bankendbeständen (Bankenspiegel; gibt in Zukunft den

Stand des jeweiligen Betriebsleistungskontos an) sowie allen dazwischen liegenden Finanzmaßnahmen erweitert werden. Eine »erweiterte Zahlungsstromergebnisrechnung« muss aus dieser direkten Geldflussrechnung abgeleitet werden. Unperiodische Ein- und Auszahlungen (z. B. Investitionen und Anzahlungen) dürfen nur als Anteil eingerechnet werden. Das Jahresergebnis errechnet sich aus dem Durchschnitt der vorangegangenen Jahre und dem laufenden Jahr. Bei der Gründung einer Firma wird nur das erste Jahr berechnet, eine Glättung erfolgt rückwirkend in den folgenden Jahren. Eine Bewertung der Bestände und die Bildung von Rückstellungen und Wertberichtigungen sind somit nicht mehr notwendig.

Betrügereien müssen rigoros bekämpft werden, alle Bürger und Unternehmen leisten Steuern. Jeder und jedes Unternehmen muss die Geschäftsgebarung lückenlos über die Konten beim Finanzamt abwickeln, um auch Verwaltungen (das will ja die Wirtschaft) und Prüfungen zu vereinfachen.

Kulturpolitik

Die Kultur- und vor allem die Literaturpolitik sind im Großen und Ganzen gut organisiert und strukturiert. Auffallend ist, dass die Literaturpreisträger fast ausschließlich aus einer Gesellschaftsgruppe stammen. Sieht man noch etwas näher hin, so erkennt man auch, dass die großen Verlagshäuser viele kleine Verlage in Beteiligung halten und in wenigen Händen sind. Diese Konstellation lässt nun den Schluss zu, dass ausgehend von diesen Verlagshäusern die Literaturpreisträger »gemacht« werden. Die ganz großen Verkaufserfolge (!) werden inszeniert, damit dieser Gesellschaftsgruppe recht viel Geld zufließt. Die Literatur bereitet auch die gesellschaftlichen Normen auf. Vieles, was wir tun und als normalen Zustand betrachten, ist durch die Literatur zur Norm geworden, so auch die Globalisierung und die Zustände in der Finanzwirtschaft. Es ist nun möglich, dass in einer Causa BANK das Verhalten der Couleurs als wirtschaftlich normal bezeichnet wird; als »wirtschaftliches Risiko« hat es die betriebswirtschaftliche Literatur weißgewaschen. Es wird nicht mehr als Veruntreuung von

Mitgliedsbeiträgen gesehen - sie wären treuhänderisch zu verwalten gewesen, sie hätten niemals zur Verlustabdeckung der Bankschulden herangezogen werden dürfen, weil das Geld den Mitgliedern gehört, sie haben es sich im Streikfonds für eventuelle Streiks angespart -, sondern dieser Betrug wird uns als »das Wirtschaften« verkauft. Ein Buchhalter eines Vereins, der Mitgliedsbeiträge im Kasino verspielt, wird sofort rechtens eingesperrt. Warum gelten in diesem »Verein« andere Regeln? Es ist vieles ins Legale geschrieben geworden, so rennen die Akteure frei herum.

Der Erfolg von Literatur hängt von nur wenigen Großeinkäufern ab, sie gehorchen mächtigen Gruppen, den Behüteten, sie haben die Macht des Marketings, sie können auf diesem Wege fördern oder verhindern. Letzteres kommt einer Zensur gleich. Kultur und freie Meinungsäußerung, zukunftsorientierte Gedanken sollen in ihrer Vermarktung nicht behindert werden, sondern müssen einer breiten Öffentlichkeit zugänglich sein.

Die EtP-Europa fördert eine unabhängige Plattform für alle Kultur-, Literatur- und Kunstschaffenden, sie hat die Aufgabe alle bestmöglich in ihrer Arbeit und im Vertrieb zu unterstützen. Niemand darf an der Veröffentlichung guter kritischer Literatur behindert werden, sofern die Gesetze nicht verletzt werden.

Wiedergutmachung

An den Gedenktagen zum Kriegsende des Zweiten Weltkrieges wird allen jüngeren Bürgern regelmäßig vom Ausmaß dieser Gräueltaten erzählt, um sie unvergessen zu machen. Die Aufarbeitung dieser Zeit sollen wir Nachfolgegenerationen nützen, um uns vor Augen zu führen, was Massenarbeitslosigkeit einerseits und Reichtumshortung andererseits bewirken können: Hass und Unverständnis machten sich damals breit und die Folgen waren letzten Endes Krieg und Verfolgung.

Die jüdische Gemeinschaft erinnert uns täglich ihres unvorstellbaren Leids im Zweiten Weltkrieg, als Menschen in vielen Ländern systematisch gefoltert und umgebracht wurden. Wegen dieses Martyriums gibt es nur an sie die Wiedergutmachungszahlungen. Gerecht wäre es aber, diese auf die ganze Welt, überall dort, wo Menschen seelisches und körperliches Leid erfahren, auszudehnen. Wir müssen diese Wiedergutmachungslogik auf alle Unterwerfungen und Ungerechtigkeiten ausdehnen. Seelische und körperliche Leiden müssen gleichermaßen abgegolten werden. Ungerechtigkeiten und Armut äußern sich oft in Krankheit und Tod. Die Wiedergutmachung an den armen, ausgebeuteten Gruppen der heutigen Gesellschaft muss ein Leitgedanke für eine neue, bessere Welt werden. Es ist höchste Zeit, diese einzufordern. Es wird durch eine gerechte Umverteilungspolitik und die Verteilung einseitig angehäufter Immobilien zu erreichen sein. Seien wir mutig, das zu tun!

Jene, welche ein Vielfaches des Durchschnittsvermögens eines Lebensraumes besitzen, müssen das überschüssige Vermögen wieder ins Gemeinschaftsvermögen zurückgeben, damit jene, die weit unter dem Durchschnittsvermögen liegen, ihre Situation verbessern können. Die Besserstellung der ausgebeuteten Menschen muss weltweit erfolgen. Die Ethikbewegung achtet in Zukunft darauf, dass solche Klassenunterschiede erst gar nicht mehr entstehen können.

Die Einbringung eurer ungenützten Güter und Vermögen ins Volksvermögen ist keine Strafe, sondern eine ehrenhafte, ehrwürdige Leistung an die Betroffenen. Jene, die mit Geldhandel überdurchschnittlich verdient haben, müssen sich nun mit manueller und geistiger Arbeitsleistung in die Gesellschaft einbringen.

Die Ethikbewegung bemüht sich, dass unsere Nachkommen genügend Ressourcen für ihr Leben vorfinden, und diese bemühen sich wiederum, für ihre Nachkommen dasselbe zu tun. Die Nachkommen kümmern sich um die Pensionisten, damit diese im Alter würdig leben und an Kultur und Gesellschaft maß- und genussvoll teilhaben können. Wir und unsere Nachkommen verpflichten uns, keine Kriege zu schüren, aber unseren Lebensraum zu verteidigen. Zwischen den unterschiedlichen Lebensräumen gibt es ein kulturelles Verständnis und einen regen Austausch von Kultur und notwendigen Gütern, damit alle auf dieser Welt in Würde und Frieden leben können.

Erneuerbare Energieträger

Die Erdölvorkommen gehen langsam zurück, die »Besitzer unserer Erde« nutzen die Knappheit aus und sie steigern die Rohölpreise - alles auf Basis von Spekulationen. Wir suchen nach erneuerbaren Energieträgern und wir haben schon gute Fortschritte in diesem Bereich gemacht. Wir bauen Getreide an, veredeln es zu Alkohol und verwenden diesen zur Verbrennung in den Motoren der Fahrzeuge. Man könnte nun meinen, wir lösen so das Energieproblem: Zuerst verbrennen wir das Erdöl und dann verbrennen wir unser Holz (unseren Baustoff) und unser Getreide (unser Brot), den daraus gewonnenen Alkohol. Hier wird zu kurz gedacht, dümmer geht's wohl nicht. Ein Baum wächst hundert Jahre lang, nach der Schlägerung könnte er uns weitere zweihundert Jahre als Baustoff dienen; wir aber verbrennen ihn in Hochleistungsöfen in ein paar Minuten. Die Bauern sind in Goldgräberlaune: Stoppt sie! Wenn wir den Verbrauch nicht drastisch reduzieren, werden wir unsere Wälder abgeholzt haben und unser Boden wird ausgelaugt sein. In ein paar Jahrhunderten wird nichts mehr auf ihm wachsen, der Boden wird mit diesen schnell wachsenden »Energiepflanzen« unfruchtbar, unser Brot, unsere Nahrung wird drastisch knapper und teurer. Unseren Nachkommen ist damit nicht gedient. Es ist eine äußerst gemeine Dummheit mit Nahrungsmitteln zu spekulieren, das wird die Ethik Partei verhindern. Wir müssen unsere ganze Kraft in die Vermeidung unseres Verbrauches stecken. Wir müssen mit weniger auskommen. Wir nützen dieses Jahrhundert für einen geistigen Fortschritt und somit wird uns die Reduktion unserer Gütererzeugung gelingen.

Dialoge mit den Religionsgemeinschaften

Warum glauben die Menschen an einen Gott? Nein, sie glauben nicht an einen Gott, sondern an mehrere Götter, warum aber an mehrere? Die Christen, die Muslime, die

Buddhisten, alle glauben an einen anderen Gott. Die Menschen siedelten sich vormals an vielen Orten der Erde an, rund um den Globus. Es gab Donnergrollen und Blitze, viele traf dieser Blitz, es gab Erlöste. Es gab Krankheit, viele starben an Krankheiten. Die Menschen fragten sich: Warum stirbt überhaupt ein Mensch? Alle Kulturen in den unterschiedlichsten Gegenden der Erde suchten für diese natürlichen Vorgänge eine Erklärung. Sie schrieben ihre Erkenntnisse auf, um sie an ihre Nachkommen weiterzugeben. Diese ersten Erklärungen waren die Anfänge der unterschiedlichen Religionen, sich weltweit untereinander austauschen und verständigen konnten sie sich nicht, zu weit war man voneinander entfernt. Die Kulturen brachten aus ihren Reihen Schriftgelehrte hervor, etwas schlauere Menschen, als der Durchschnitt es war. Diese übernahmen die Vorherrschaft über Bildung und Lehre. So entstanden die jeweiligen heiligen Schriften, die Bibel, der Koran usw. Diese Schriftstücke waren von den Glaubensgemeinschaften der Gebildeten vereinnahmt worden, es bildeten sich Kirchen und institutionelle Religionen heraus. Diese Kirchen und Religionen haben es bis heute geschafft, die Menschen in ihrem Bann zu halten, denken Sie darüber in Ruhe nach. Mit Kriegen und Unterdrückung haben sich diese Religionen verbreitet, mit der Macht des Geldes halten sie sich auch in der heutigen Zeit. Demütig gehen wir den Bräuchen nach, rennen in die Gotteshäuser und huldigen der Päpstlichkeit. Oh Gott, ich bin ungläubig? Nein, bin ich nicht. Christus muss gelebt haben als einer von uns, der damals für die Herrscher ein Terrorist gewesen sein muss, nur weil er anders dachte, als die Obrigkeit es haben wollte. Er wollte die Menschen ermutigen, sich nicht mehr von ihren Herrschern unterdrücken zu lassen, auch nicht von der Kirche und von den selbst ernannten Gottesmännern. Er wollte die Menschen aufklären, dass ihnen Unrecht widerfährt, er ermutigte sie, sich zu wehren. Das wollten die Herrscher nicht. Jesus musste sterben. Er war den Mächtigen zu gefährlich geworden, die Menschen hätten sich erheben können. Heute, 2006, ist es ganz genauso. Wenn sich Menschen gegen die Herrscher, gegen die Gottesmänner und Käppchenträger aufbäumen, werden sie ihres Lebens beraubt, indem man sie ausschließt oder umbringt. Die Zeit wiederholt sich immer wieder in Etappen, schon immer gab es Jesus ähnliche Menschen, die sich gegen die Befehle sträubten. Die Machthaber und die institutionellen Kirchen, die Illuminati, haben sie »getötet«, um ihre Pfründe weiterbestehen zu lassen.

Göttlichkeit ist nicht Kirche, ist nicht Religion, nein sicher nicht. Göttlich ist der Umstand, dass wir bis heute nicht wissen, woher wir kommen und wohin wir gehen. Der Mensch, alle Lebewesen, Tiere, Pflanzen sind ein Wunder, das Universum ist ein Wunder, das Zusammenspiel der Planeten, der Schwerkraft, alles Leben auf dieser Erde ist ein Wunder und ist für mich göttlich. Ich brauche auch nicht zu wissen, wie alles entstanden ist, auch nicht zu wissen, wo es einmal hinführt. Ich genieße den Augenblick, bin glücklich, da zu sein und mir alles ansehen und viel erleben zu dürfen. Ich erfreue mich jeden Tag an der Natur, an ihren Wundern. Schade, dass wir Menschen aufeinander losgehen, dass wir den Herrschern, den selbst ernannten Gottesmännern gehorchen, uns in Krieg und Elend hineintreiben lassen. Die Menschen denken nicht.

Warum denken die Menschen nicht? Ihre Entwicklung fand nur bis zum Erlernten statt, das Erlernte ist dürftig und auf Demut ausgerichtet. Weiter kommen die Menschen nicht, und wenn, dann nur schwerlich. Ganz langsam entwickeln sie sich, dann gibt es wieder Rückschläge durch angezettelte Kriege, durch Auslöschung. Den Menschen, dem Volk, geht dadurch der Wissensstand verloren.

Die geistige Entwicklung ist ein bioelektrischer Vorgang. Wir Menschen sind mit Sinnen ausgestattet. Diese Sinne nehmen Verbindung mit der Außenwelt auf, die Augen sehen, die Nase riecht, die Ohren hören usw. Durch die Wahrnehmung der Außenwelt über die Sinne entsteht Spannung aufgrund des Unterschiedes zwischen den gespeicherten Daten im Hirn und den aktuellen Vorgängen in der Außenwelt, die dann einen Strom fließen lässt, es funktioniert wie ein Kondensator, es lädt sich auf. Das Hirn hat unterschiedliche Regionen, Felder und Einteilungen. In jedem sitzt ein gewisses Zentrum (Sprachzentrum, Mathezentrum, Ethikzentrum usw.). Je nach Beschaffenheit der Widerstände der Leitungen von und zu den Sinnesorganen, je nach der biochemischen Beschaffenheit der Zentren werden diese besser oder schlechter aufgeladen. Lernt einer schlecht Sprachen, müsste man diese Region und die Leitungen dorthin biochemisch verbessern. Das ist leichter geschrieben als getan, der Mensch ist sehr komplex, er ist göttlich komplex. Die Menschen, die im Denken besonders befähigt sind und komplexe Zusammenhänge bewältigen, bei denen also das humane, soziale, ethische Zentrum die beste Performance aufweist, wären bestens für Führungspositionen oder für die Politik geeignet. Die Weiterentwicklung unseres Denkens ist eine göttliche Gabe, naturwissenschaftlich lässt sich noch nicht alles erklären.

Heute war ein schöner Tag, die Sonne schien, man merkte schon, dass es Herbst wurde. Es war dreißig Grad heiß, aber nicht mehr so eine schwüle, sondern eine trockene Hitze, wie sie im August so üblich ist. Die Wespen sind lästig, die Spinnen kommen nachts aufgrund der Kälte in die Wohnung, hoffentlich beißen sie nicht, diese Spinnen. Ich saß auf einer Parkbank und beobachtete das Getier am Boden. Ameisen liefen umher, sehr arbeitsam. Ob es unter denen auch Arbeitslose gibt? - Ich denke nicht, sind sie doch alle im Geiste noch etwas unterentwickelt, so glauben wir es. Arbeitslosigkeit gibt es nur bei den höchstentwickelten Lebewesen, den Menschen. Wenn eine Ameise einen Zweig nicht tragen oder ziehen kann, kommen andere zu Hilfe, sie ziehen gemeinsam den Zweig zu ihrem Bau, ohne Entgelt und ohne Buchhaltung. Was tragen denn diese Ameisen für Gedanken in ihren Köpfen, was treibt sie an? Sie fahren nicht Auto, sie laufen alle. Ich dachte, was wohl passieren würde, wenn ich eine davon bewusst zertreten würde - würde dann der Ameisenpriester kommen und ihr den letzten Segen geben? Ich denke nicht. Weder Moslems noch Christen, noch Buddha geben einer Ameise den letzten Segen. Sie wird zu Staub, wie wir auch. Diese kleinen Lebewesen mit ihrem höchst entwickeltem Geist zeigen uns, was in der Natur möglich ist. Auch unsere elektronischen Geräte werden in ihrer Bauweise immer kleiner, das Speichervermögen wird aber größer. Sind diese kleinen Lebewesen uns in ihrer evolutionären Entwicklung voraus? Denken Sie an die komplexe Bauweise eines Ameisen- oder Termitenbaus, diese kommen ohne Heizung und Kühlung aus. Intelligente Tiere, nicht wahr? Für uns Menschen sind sie eine Sache und nicht schützenswert. Wir aber tragen die größeren Köpfe, wozu?

In Zukunft ist es notwendig, dass wir hier auf Erden alle guten Kräfte zusammenführen. Die Göttlichkeit überlassen wir Gott selbst und keine irdische Institution maßt sich mehr an, diese zu interpretieren. Die Kirchen und Religionsgemeinschaften haben Besitztümer aufgehäuft, diese kann man allen Menschen auch ohne Zugehörigkeit wieder zurückgeben, haben doch sicher einmal sie selbst oder ihre Vorfahren zur Schaffung dieser Reichtümer beigetragen. Alle Religionen und Kirchen der Welt sollen zu einer humanitären Einrichtung vereint werden, die wir so sehr auf der ganzen Welt benötigen. Dann erst wieder werden sie von allen Menschen, auch von den »Ungläubigen«, akzeptiert werden.

Wir sollen unsere Kirchen und Religionen in eine Zukunft führen, in der sie Tausende Jahre Gutes tun können. Auch sie wollen eine Wiedergutmachung leisten, diesmal aber ohne Glaubenskriege und ohne frühzeitiges Eliminieren der Jesusmenschen (z. B. ließ man viele gute Frauen einfach verschwinden). Im Sinne des Weltfriedens sollen sie für eine friedliche Lebensweise eintreten, damit es nie mehr Kriege gibt. Viele Kriege werden aufgrund der unterschiedlichen Religionen geführt, das ist für unsere Zukunft entbehrlich und nicht gewollt.

Dialoge mit den Kindern der Muslime

Der Koran verfolgt die Welteroberung durch die Einwanderung in fremdes Gebiet und durch die üppige Vermehrung in diesem neuen Lebensraum. Wir registrieren viele Zuwanderer aus den muslimischen Glaubensgebieten, aus dem Nahen Osten. Viele dieser Familien haben zahlreiche Kinder. Die Muslime integrieren sich nicht in unseren Lebensraum, sie nehmen nicht unsere Lebensformen, unsere freie Geisteshaltung an. Sie wollen letztendlich den Koran durchsetzen. In zwei Generationen werden sie wegen ihrer vielen Kinder einen Gleichstand zu unserer vorwiegend christlichen Bevölkerung haben. Spätestens mit dem Gleichstand werden die Muslime auch in unserem Lebensraum eine eigene politische Partei gründen, um ihre Interessen nicht nur im Religiösen, sondern auch im Politischen durchzusetzen; notwendigerweise zuerst politisch und dann mit dieser Mehrheit auch im Religiösen. Wir Christen durchschauen das längst, nur, wir schauen sehr friedlich zu.

Die Mütter und Väter der Einwanderer verfolgen diese Ziele des Korans, weil sie es so gelernt haben, sie können gar nicht anders, es ist ihnen von ihren Gottesmännern so eingeredet worden. Kinder der Muslime, denket daran, kein Volk lässt sich sein Land und seine Kultur wegnehmen, auch nicht mit den friedlichen Mitteln des Nachwuchses und der Demokratie. Denket daran, dass auch eure Religion durch eure Führer entstanden ist, sie benützen euch zu ihrem Wohle, ihr aber müsst für sie in den »Krieg«. Dreht euch zu ihnen um und sagt: Wir wollen Frieden und wir wollen auch die Christen lieben.

Sollten Menschen auf Dauer von einem zum anderen Lebensraum wechseln wollen, müssen sie sich den Regeln und der Kultur des neuen Lebensraumes anpassen, das würden wir Christen auch machen, wenn wir uns für immer in islamischen Gebieten ansiedeln wollten. Doch nur wenige von uns machen derzeit Gebrauch davon, wir wollen die Kultur, den Glauben und das Vermummen unserer Frauen dort nicht, denn zu sehr begehren wir sie wegen ihrer offen zur Schau getragenen Erotik. Fragt eure wissenden Väter, sind sie doch Hauptkunden in unseren Puffs, bei unseren sexy Frauen. Deswegen schützen wir unsere Kultur hier in unserem Kulturkreis, hier in unserem Lebensraum. Liebe Muslime, ihr müsst das verstehen, ihr seid zu uns gekommen, wir nicht zu euch. Wir rufen nach niemandem, wir geben aber bis jetzt noch Land und Heim an den, der sich in seinem Land, also in seiner Kultur und in seinem Glauben, nicht wohl oder sich verfolgt fühlt. Wir laden die hier lebenden Muslime herzlich ein, sich unserer Kultur und unserer Lebensweise voll anzuschließen. Wir wollen die Vereinigung der Religionen. Muslime beschäftigen in Zukunft in ihren Firmen auch Christen, so wie wir jetzt schon Muslime beschäftigen, und muslimische Frauen sind auch europäischen Männern, ohne ermordet zu werden »zugänglich«. Niemand gründet eine politische Partei mit religiösen Inhalten. Wir alle leben in unserer freien Kultur.

Durch die Verschmelzung der Religionen und ihres irdischen Handelns und Tuns wird sich die Angst wohl legen. In der nächsten Generation haben sich die Zuwanderer voll integriert und es ist alles eins. Jeder soll spirituell leben, wie er möchte. Nur soll jeder den anderen damit in Ruhe lassen und nicht stören, jeder will seinen Frieden haben. Wir müssen selbst denken und überlegen, dass jeder Glaube einmal von Menschen gemacht entstanden ist und nicht gottgewollt ist, denn: Gott liebt uns ja. Er würde niemals unterschiedliche Religionen wollen, wenn wir uns deshalb Tausende Jahre bekriegen. Das macht Gott nicht, das machten schlaue Menschen, die die unterschiedlichen Religionen und Kirchen erfunden haben und viele Menschen davon abhängig machten. Jahrtausendelang hat sich dies gehalten. Gott aber gab den Menschen das Denken, damit sie davon wieder loskommen.

Terrorismus

Der momentane Unmut ist ein Vorbote des Aufstandes Arm gegen Reich. Wir nennen den Widerstand gegen die Obrigkeit Terrorismus. Diese Bezeichnung ist negativ besetzt und dient der Verfolgung und Auslöschung der Akteure; die Botschaft, sie zu ächten wird über die Medien gestreut. Die Widerstandsbewegungen haben schon immer den Fehler gemacht, dass sie Gewalt gegen Menschen anwandten, die nichts dafürkonnten, es traf immer auch Unschuldige. Dieses nutzen nun die Mächtigen aus, um uns vom legalen

Widerstand abzuhalten. Sie kriminalisieren den Widerstand. Das muss nicht sein. Wir müssen friedlich Widerstand leisten. Jede Zerstörung vergeudet Energie und Ressourcen. Einen Wiederaufbau wie nach dem Zweiten Weltkrieg könnten wir nie wieder schaffen, weil uns die Rohstoffe ausgehen und wir die Umwelt durch die hohe Produktion völlig zerstören würden.

Der Gewaltterrorismus ist abzulehnen, Widerstand ist auch mit friedlichen Mitteln möglich. Dazu bedarf es dieser neuen Partei, dieser Bewegung, weil friedliche Menschen durch sie ihr Leben mit dem Parteiprogramm selbst bestimmen können. Wenn einmal diese Partei die Mehrheit hat, die Religionen fusioniert sind und als soziale Einrichtungen wirken, bedarf es keiner Gewalt mehr.

Denken Sie an den 11. September, liegt die Wahrheit nicht auch noch woanders? Waren die Interessen, diese Türme in Schutt und Asche zu legen, nicht wohlwollend? Man hat damit vieles rechtfertigen können, man benutzt es auch, um den Bürger nicht aufständisch werden zu lassen. Ist die Bombenattrappe (W) nicht dorthin gebracht worden, um genau das zu bewirken? Die Kameras sind ausgefallen. Ja, ja. Man hörte so gar nichts mehr davon. Woher hatte seinerzeit Hitler auf einmal das viele Geld, um Waffen zu produzieren? Sind die Fälscher nicht eine Fälschung um auch andere Geldgeber (wir wissen doch, wer viel Geld hat ...) zu verdecken? Haben die Großen nicht ihre kleinen Mitbrüder und Schwestern zu ihrem gegenwärtigen und zukünftigen Vorteil hineingelassen? Seid kritisch und prüft genau die Absichten der Mächtigen. Es lohnt sich, für die Grund- und Freiheitsrechte zu kämpfen und die eigennützigen Ziele der Herrscher zu durchschauen.

Es könnte sein, dass die Menschen es einmal anders empfinden werden. Sie könnten sich von den Medien, Herrschern, Politikern, von der Hochfinanz usw. terrorisiert fühlen, wenn sie mit ansehen müssen, wie alles den Bach hinuntergeht, wie sie ausgenützt werden, wie sie für den Wohlstand der Drohnen arbeiten müssen. Welche Handhabe haben dann die Menschen, sich gegen diese Art von Terrorismus zu wehren?

Gedanken

Ich fragte mich schon mein ganzes Leben, ob das, was ich vorfinde, so sein muss, wie es ist, und warum ich die Gegebenheiten nicht immer vorbehaltlos akzeptiere. Die traumatische Geschichte im ersten Teil dieses Buches dient als Spiegel: Mögen sich viele darin wiederfinden und darüber nachdenken, warum wir so sind, wie wir darin aussehen.

Wir müssen die Auswirkungen unseres Handelns auf unsere Umwelt und auf unsere Nachkommen hinterfragen, verlorene Umwelt wiedergewinnen und ein soziales Leben leben. Dass wir durch das Nicht-Wahrnehmen von Alternativen oder durch den Verkauf von Unternehmen abhängig wurden, ist ein Fehler, den wir begangen haben. Diesen müssen wir nun korrigieren. Zitat vom Kardinal: »Wir haben alles dieser Erde nur für unser Leben geliehen.« Warum aber ist die Kirche dann so reich?

Wir wollen eine gerechte Umverteilung in einer bewusst eingeleiteten Rezessionsphase. Dazu müssen wir erst die Zinsen (die Treiber) im Geldkreislauf eliminieren, damit wir eine Wirtschaft auch ohne Wirtschaftsaufschwünge (der bringt Ressourcenverzehr) schaffen können. Kein Mensch soll mehr glauben, dass das, was wir bis jetzt getan haben, nicht zu verändern ist. Wir können uns eine ganz andere Welt bauen, eine viel bessere, als uns das Hochfinanzproletariat bis jetzt vorgegaukelt hat. Nicht die Kirchen, nicht die Multis und auch nicht die Verbohrten werden uns ihre Visionen aufzwingen.

Forschungsmittel dürfen nicht nur in Technik und Gentechnik investiert werden, sondern auch in die Human- und Friedensforschung - das ist die größte Herausforderung der Menschheit. Nichts an Technik kann so wichtig sein wie der Friede und eine intakte Umwelt.

Die EtP-Europa soll in ganz Europa gegründet werden. Gründen wir Neues, aus allen Gesellschaftsschichten heraus, aus allen Parteien gemeinsam entstehend, damit wir in unserer Zukunft etwas Gutes tun. Politik muss die Menschen wieder ansprechen, wir dürfen das nicht Machthabern und Wirtschaftsbossen überlassen. Es ist eine friedliche Revolution. Die Vielfalt der Meinungen und Anschauungen auf der Basis von Ethik, Würde und Freigeistigkeit soll unser Inhalt sein.

Ich suchte ein alternatives Programm, ich will für unsere Zukunft vollkommen neue Ansätze zugrunde legen und das Alte verlassen. Es muss ergänzt und nach mehrheitlichen Wünschen in einer Fibel weitergeschrieben werden. Die ethische Ausrichtung, die Würde der Menschen, die Gleichberechtigung, der gemeinsame Wohlstand, der Schutz der Umwelt, der Lebewesen und der Ressourcen sind jedoch die Vorgaben, die Leitsätze von EtP-Europa.

Die Funktionen in den Parteiführungen müssen stets von mehreren Personen ausgeführt werden. Eine Person darf diese Partei niemals alleine führen, weil bei Einzelpersonen die Gefahr des Diktats besteht. Persönlichkeiten in vielen Staaten kennen die hier aufgeführten Gedanken, mögen Sie einige Ideen gut finden und sie umsetzen. Sie werden dann von dort zu uns kommen, dann erst sind sie akzeptiert und gut. Das ist unser Kleinlaut.

Mir geht es um eine andere Möglichkeit des Zusammenlebens, mir geht es um die Schärfung der Sinne und der Sensibilität. Dass Werte in unserer Gesellschaft oft von sehr einflussreichen Einzelpersonen suggeriert werden, damit wir diese Werte zum Schutz der Einflussreichen selbst annehmen, ist unsinnig. Jeder Zukunftskonvent ist, wenn man versucht aus den »alten Strukturen« ableitend Neues zu schaffen, zum Scheitern verurteilt, weil sich alle derzeit Begünstigten in jede neue Gesellschaftsordnung hineinreklamieren.

Versuchen Sie, die Geschehnisse »von oben« mit Abstand zu sehen, dahinter das weite Universum, davor die kleine Erdkugel mit den vielen Kreaturen. Sie werden unser Verhalten oft schauderlich finden. Dann erst wird man sich fragen, warum es dieses Verhalten untereinander gibt, und erkennen, wie abartig Kriege sind und wie dreist unser Neid ist. Futterhortung, Scheinheiligkeit, Schlauheit und Brachialgewalt basieren auf dem Niveau der zweiten und dritten Geistesstufe. Menschen mit höheren Niveaus werden diesen Typus in Politik und Wirtschaft einmal ablösen. Wollen wir die Umwelt wirklich retten, müssten wir morgen schon so leben wie Mönche, das wird nicht sein. Deshalb bekommen wir das was uns gebührt, unsere Kinder werden einmal daran leiden. Das ist Verantwortung, nicht wahr? Wir erklären ihnen dann, dass wir aus diesem System der Bequemlichkeit halber nicht ausbrechen konnten.

Wenn Sie glauben, das Hundertfache des Normalverdienstes gebührt Ihnen, dann gehe ich mit Ihnen Frühstücken. Ich esse aus Rücksicht nur eine Semmel mit Wurst und Käse, ein Ei, trinke nur eine Tasse Kaffee, Sie aber essen all das, was Sie glauben, das Ihnen zusteht, von jedem das Hundertfache. Ich organisiere danach Ihr Begräbnis.

Oft zweifle ich, ob man einem Menschen sein Eigentum nehmen kann. Ich denke darüber gründlich nach, wäge alle Bedenken ab. Wenn Eigentum entstanden ist, weil es durch gesetzliche Gegebenheiten, die sich die Mächtigen für sich schafften, möglich wurde, zu diesem Reichtum ohne eigene Leistung zu kommen, dann ist es auch legal und rechtens, andere Regeln, die dem Gemeinwohl und der Allgemeinheit zugutekommen, zu erlassen. Das beruhigt mich ungemein und überzeugt mich in meiner Einstellung, die nicht mir allein, sondern vielen nützt.

TEIL III

Gesellschaftlicher Unbill

Wirtschaftsgeister

Astrologie

Die Astrologie ist weder Wissenschaft noch Mystik. Sie hat aber einen hohen Stellenwert in unserer seichten Gesellschaft. Viele schwören darauf, viele lehnen sie kategorisch ab. Betrachten wir einmal die vier Elemente Erde, Feuer, Wasser und Luft, auf die sich die Astrologie stützt. Diese vier Elemente haben unterschiedliche Eigenschaften, sie reichen von fest über flüssig bis zu gasförmig. Menschen sollen sich wie diese Eigenschaften der Elemente verhalten. Ist das wirklich so? Beobachten Sie Ihre Chefs, Ihre Mitarbeiter und Ihre Kollegen. Erkennen Sie die Eigenschaften der Elemente in ihnen? Ist ein Erdzeichen-Mensch etwas konservativer und fester in seiner Meinung als ein im Luftzeichen Geborener? Will er lieber etwas Kontinuierlicheres tun als die im Feuerzeichen oder im Luftzeichen Geborenen? Denken Sie einfach über folgende Abhandlung nach.

Astrologen maßen sich an, festzulegen, wer für was und wer wie für eine Sache geeignet ist. Sie meinen zu wissen, wer mit wem kann und wer nicht miteinander auskommt, wer für einen Beruf oder eine Berufung gut geeignet ist und wer weniger gut in sein berufliches Umfeld passt. Sie meinen, unser Leben - alles Verderben und alles Erhellende - liege in den Sternen.

Luftzeichen sind aufgrund der Leichtigkeit ihres Mediums sehr wendig, sie eignen sich gut für Zukunftsprojekte. Feuerzeichen sind enthusiastische Verkäufer, sie haben eine große Verhandlungsgabe. Wasserzeichen tun sich in Führungspositionen schwer, weil Wasser eben von sich aus nur ruht oder bergab rinnt, sie sind aber reinigend und lebensnotwendig für alle Lebewesen. Die Erdzeichen sind stabil, sie haben sich überall, in jede Hierarchie, in jeder Gesellschaftsschicht eingenistet. In jeder Ecke ist Staub, sie kleben an den Sesseln. Sie waren beim Wiederaufbau die Felsen in der Brandung, gaben Sicherheit und Kontinuität. Was die Zukunft betrifft, stehen sie aber im Weg, diese schweren Klötze. Erde ist nur mit Schaufelbaggern zu bewegen, nicht einmal eine Sprengung bringt Fortschritte, denn Erde fällt danach wieder in die Nähe des Ursprungs zurück. Erde steht für ersessene Macht. Erde aber nimmt uns alle einmal auf, wir dürfen dort geborgen sein. Ruhet sanft in Frieden.

Erde braucht Wasser und Luft, um fruchtbar zu sein, hat sie beides nicht, wird daraus tote, unfruchtbare Erde. Wasser vermischt sich gerne mit Wasser und Erde. Diese Mischung wird dann zuerst schwammig und schlammig, in der Sonne wird sie dann rissig, kommt ein wenig Luft dazu, zerfallen die verdorrten Schlammbrocken zu Sand. So entsteht Wüste, unaufhaltsam über die ganze Erde.

Feuer braucht Luft zum Lodern. Nimmt man ihm diese Luft, wird es ausgelöscht. Luft ist das einzige Medium, welches unabhängig ist. Es ist wendig und flexibel. Die im Luftzeichen Geborenen kommen mit Veränderungen am besten zurecht. Die Masse von Luft ist sehr gering, sodass sie nur in gebündelter Form, der eines Orkans, mächtig genug ist, andere Elemente zu bewegen. Leider ist die Luft zu wenig massiv und die Stürme und Orkane wirken nur zeitlich begrenzt. Die Erde harrt aus, das Wasser wird ein wenig aufgewühlt und wellig, das Feuer findet gerade deswegen gute Nahrung, hoch zu lodern. Luft ist chancenlos gegen diese Elemente. Nur eines ist gewiss: Wenn es keine brauchbare Luft mehr gibt, ist alles hinüber, alles Leben auf dieser Welt, auf dieser Erde. In Erd-, Feuer- und Wasserzeichen Geborene wollen oft keine in Luftzeichen Geborenen als Mitarbeiter. Weil diese so wendig, so luftig, so anstrengend sind, sind sie ihnen ein Gräuel. Feuerzeichen nutzen Luftzeichen aus, um selbst zu überleben. Sie hassen häufig die lebensnotwendigen Luftzeichen, so abhängig sind sie von ihnen. Ein im Luftzeichen Geborener hatte einige Vorgesetzte, die Feuer-, Erd- oder Wasserzeichen waren. Sie alle verstanden ihn in seinen Ideen und Visionen wohl kaum. Aussitzen lautete die Devise dieser Elemente. Ein im Wasserzeichen geborener Vorgesetzter schüttete sich selbst aus und wurde dann von einem im Feuerzeichen Geborenen verdampft.

Wie sollen sich Luftzeichen gegen die massigen Elemente durchsetzen? Eigentlich ist es nicht notwendig, sich gegen sie durchzusetzen. Man lasse diese Elemente einfach in Ruhe, den Feuerzeichen schicke man jene dicke Luft zurück, welche sie bei ihrer Verbrennung hinterlassen haben. Die Wässerchen sollen den Bach hinunter, Wärme und Luft transportieren sie wieder in luftige Höhen, wo sie dann wieder rinnen können; der Fische wegen. Die Luftzeichen sollten sich im jetzigen Wassermannzeitalter zusammenschließen, sie sollten Zukunftprojekte leiten. Umsetzen müssen es die anderen, zu luftig sind diese Luftzeichen, nur wenige haben Ausdauer und Kontinuität.

Ist dieser Nonsens verständlich? - Nein. Dann ist die Astrologie in dieser Hinsicht kläglich gescheitert. Sie aber sind jetzt verärgert, weil Sie insgeheim daran glauben, recht geschieht Ihnen, warum glauben Sie auch daran. Es empfiehlt sich dennoch, die Eignungen und Veranlagungen in allen Lebenslagen mit zu berücksichtigen.

Provinzmedia

Die Medien leben einerseits von dem, was sie produzieren und verkaufen, anderseits von staatlichen oder kommunalen Zuwendungen. Wenn sie solche Zuwendungen erhalten, dann müssen sie auch die Parteien in ihren »Visionen« unterstützen. Im Kommunismus gab es zentral gelenkte Regierungszeitungen und Radiosender, in den gepriesenen westlichen Demokratien gibt es das angeblich nicht.

Ein kritischer Bürger, er war ein einfaches, aber kein ganz einfaches Parteimitglied, lockte seine Mitbrüder und Schwestern, die oft in ihrer Ruhe schwelgten, aus der Reserve, wenn er ihnen hin und wieder schrieb, was ihn so an der Handhabe der Mächtigen störe. Das mochten sie ganz und gar nicht, diese Genossen.

Leserbriefe, die er an die Provinzmedia schrieb, wurden oft nicht abgedruckt. Um herauszufinden, warum das so ist, schrieb er Briefe die entweder alle Parteien betrafen oder gezielt nur die eine oder andere. Es brauchte viele Leserbriefe, bis er Gewissheit hatte, welche er schreiben musste, damit sie veröffentlicht wurden. Es waren die Kritiken, welche Links und Mitte-Links betrafen. Belobigungen dieser Parteien waren chancenlos. Kritik an Rechts war schon gar nicht erwünscht. Belobigungen wurden jedoch anstandslos abgedruckt. Auch Kritik an der Hochfinanz mochte sie nicht so sehr, deshalb nicht, weil Provinzmedia sich einbildete, zu diesem Klüngel zu gehören. Das ist gelebter Großmut.

Provinzmedia besitzt auch viele regionale Buchverlage, denen sie diktiert, wer und welcher Autor genehm sein darf, und was sich lohnt, abgedruckt zu werden. Sie hält eine mächtige Zeitung, sie ist eine Institution, hier im Süden Europas. Ihr Arm greift stetig weiter in den ärmeren Süden hinein, es gleicht einem medialen Kreuzzug.

Sie besitzt eine Vielzahl von Unternehmen, welche nicht unbedingt eine homogene Gruppe bilden, aber eine wahre Ansammlung von Macht darstellen. Hat eine Mutter viele Töchter, übt sie Einfluss auf diese Töchter aus, damit es ihnen wohlergehe hier auf Erden. Jene, welche sich an die Töchter heranmachen, müssen ehrbar sein. Denken brauchen sie nicht, Freigeist ist eher unangenehm. Nur die kommen an die Töchter heran, die einen Lodenanzug, ein weißes Hemd, eine graue Krawatte und - wie könnte es anders sein - schwarze Schuhe tragen. Sie sind die Wunschkandidaten der Mutter für ihre Töchter.

Viele lokale Medien sind hierzulande in Mutters Hand. Die vielen Blätter erwecken den Eindruck, als könnten wir viele unterschiedliche Informationen konsumieren. Geschrieben und gesprochen wird aber aus ein- und derselben Feder - nur ein wenig mit gespaltener Zunge.

Arbeitslosigkeit

Arbeiter und Angestellte arbeiten, um ihre Lebenshaltungskosten bestreiten zu können. Sie tragen maßgeblich zur Volkswirtschaft bei. Die derzeit Mächtigen fordern eine Arbeitszeit von zwölf Stunden am Tag, aber nur dann, wenn Arbeit da ist. Nicht jeden Tag wird Arbeit für die derzeit Beschäftigten da sein, schon gar nicht für die derzeit Arbeitslosen. Die Aufträge werden terminlich gepoolt, um sie dann unter höchstem Termin- und Zeitdruck mit wenigen Arbeitern an einem Zwölfstundentag abzuarbeiten. Die Arbeitslosen bleiben arbeitslos! Es fällt den Mächtigen nicht ein, dass sie die vorhandene Arbeit aufteilen, damit allen gedient wäre.

Arbeitslos zu sein ist demotivierend, vor allem wenn die Arbeitslosigkeit lange dauert. Jene, die dem derzeit gegenwärtigen Wirtschaftsleben in ihrem ethischen Empfinden einige Generationen voraus sind, deswegen aber zum Teil systematisch organisiert vom Arbeitsmarkt ferngehalten werden, um sie auszutrocknen, sollen in staatsnahen Unternehmen eine Chance bekommen, wieder ins Erwerbsleben einzutreten. Es ist eine Frage der Zeit, bis gute Gedanken auch unternehmens-, institutions- und bündnisübergreifend Wohlwollen finden. Soziales Handeln wird immer notwendiger, da wegen der Veränderungen der Umwelt unsere derzeitigen Sozial- und Ökosysteme bald zusammenbrechen könnten. Diese Zeit des ökologischen und infolge auch ökonomischen Umbruchs wird hohe Ansprüche an das Sozialverhalten stellen, gute Geister werden gefragt sein.

Das Recht auf Arbeit soll erweitert werden. Es ist volkswirtschaftlicher Unsinn, wenn Arbeitslose ihre Leistungskraft nicht einbringen dürfen. Arbeitslose werden zunehmend von der Gesellschaft ausgegrenzt und verstoßen. Um das zu beobachten und selbst zu erleben, gehe man als Arbeitsloser in ein Lokal und lerne eine hübsche fremde Frau kennen. In Sekundenschnelle wird der Beruf abgefragt - die Fress-Körbchen-Frage - und bei entsprechendem Beruf wird alles über die Firma erfragt: eine große Firma gibt

Sicherheitsgefühle, eine Beamtenstelle liegt hoch im Kurs, danach folgt die Position, und wenn man dann seine Visitenkarte zückt und darauf steht »Geschäftsführer« oder »Finanzchef«, dann hebt sich das Kinn der Begehrten, danach kommt einem die Brust entgegen und eine Hand sucht Halt am Unterarm. Stellt man sich im Haushalt ungeschickt an, weil man aufgrund des Arbeitsstresses alleine ist, wird einem mütterliche Hilfe angeboten. Kommen während des Abends laufend schöne, flirthungrige Mädchen zur Tür herein, steigen Sehnsüchte auf, sich an einen stilleren Ort zurückzuziehen. Jetzt kann man - um eines dieser hübschen, graziösen Mädchen kennenzulernen - ehrlich werden und man sagt ihr, wie sehr man auf der Suche nach einer herausfordernden Stelle ist, dass Arbeitslosigkeit fad ist, dass die Nummer auf der Visitenkarte schon ein Jahr nicht mehr gültig ist. Man nimmt nun wahr, dass sich zuerst die Hand löst und sich an den Oberschenkeln abputzt, sich dann das Kinn neigt und schließlich der Brustkorb zusammenfällt. Wenn man(n) noch ein paar Minuten Geduld hat, braucht man die Dame nicht unhöflich verlassen, sondern das ergibt sich ohne Zutun und die Nächste wartet mit leuchtenden Augen auf dasselbe Ritual und dieselbe Enttäuschung.

Bei Bewerbungsgesprächen werden einem Arbeitslosen viele Fragen gestellt und nach dem zwanzigsten Vorstellungsgespräch hat man schon ein Gespür dafür, was der oder diejenige, das ist nach Typ und Alter unterschiedlich, fragen wird. So muss man erzählen, warum man so lange arbeitslos ist, eine Frage, die kein Arbeitsloser beantworten kann, das können nur die beantworten, die einem absagen. Die frisch geschulten Personalbeauftragten oder jüngere Vorgesetzte, auch sie mit einem Schnellkurs zum Personalchef getrimmt, fragen obendrein, was man in der Zwischenzeit, während der Arbeitslosigkeit, so alles gemacht hat. Das fragen sie auch einen über Fünfundvierzigjährigen mit dreißig Dienstjahren. Sie sitzen einem im Pullover gegenüber, gerade erst mit der Uni fertig geworden und schon auf der Siegerseite. Ihre Anpassung an den Berufsalltag steckt noch in den Kinderschuhen. Im Universitätslook, die

Füße überheblich verschränkt, den Oberkörper in Ruhe-position nach hinten gekippt, sitzen sie einem gegenüber und sind sich ihrer Fragen nicht bewusst, diese Frischlinge. Um was es geht, vermögen sie nicht zu erkennen. Säße ihnen ihr Vater oder ihre Mutter gegenüber, würden sie vielleicht nachdenken und erkennen, dass man mit fünfzig noch für mehr als fünfzehn Jahre eine Arbeit sucht und dass sie demgegenüber, als Söhne und Töchter einer be-günstigten Schicht, jetzt schon Vorgesetzte sind. Sie sollten bedenken, was das für jene heißt, die Arbeit suchen und die keiner Lobby angehören, die sich Fragen gefallen lassen müssen von jemandem, der nicht einmal drei Dienstjahre hinter sich hat und nur aufgrund von gesellschaftlichen Privilegien auf seinem Platz sitzt, noch ganz feucht hinter den Ohren. Laden zwei Frauen zum Bewerbungsgespräch, eine davon die attraktive Chefin, die andere eine ebenso attraktive Assistentin, und man(n) weiß das vorher nicht und verhält sich aufmerksam und wohlwollend gegenüber der Assistentin, dann hat man den Job verloren.

Arbeitslosigkeit muss mit politischen, legislativen Eingrif-fen ins Wirtschaftsleben bekämpft werden. Liegt die Ar-beitslosenquote zu lange hoch, wird sie als selbstverständ-lich hingenommen. Die Sensibilität stumpft ab, was aber ein hohes soziales Risiko in sich birgt. Arbeitslose, die ar-beiten wollen und es auch gewöhnt sind, aber von Lobbyis-ten verhindert werden, denken den ganzen Tag über Ver-besserungen nach und tragen so zum Überdenken beste-hender Werte bei. Diese Gedanken und Ideen könnten auch Sie treffen und arbeitslos machen.

Der Leistungsbegriff muss neu überdacht werden: Ist es so viel mehr an Leistung, wenn begüterte Herren in Kaffee-häusern sitzen und begünstigt durch die Zinspolitik und beim Verhökern von Unternehmen »Mehrwert« schaffen, gegenüber jenen, die unter einer Brücke gelandet sind und ihr Leid mit Suff bekämpfen? Sie konsumieren Produkte, die die Betuchten zu ihrem Wohle absetzen wollen. Sie be-denken nicht, dass sich Menschen finden müssen, die sau-fen und sich überfressen, deren »Leistung« aber nur indirekt, über ihre schlechten Leber- und Gallenwerte gemessen werden kann. Beide Gruppen bringen sich nicht vernünftig in die Gesellschaft ein, beide Gruppen arbeiten nichts.

Fällt es Ihnen auf? Was sehen Sie? Spüren Sie nicht auch?

Sie gehen durch die Straßen der Stadt, was sehen Sie? Fällt Ihnen auf: einige sind gut gekleidet, andere weniger gut. Spüren Sie, dass es einigen gut geht, anderen weniger gut? Spüren Sie, dass viele, die an Ihnen vorbeigehen, sich ihrer Situation nicht bewusst sind, nicht bewusst sein können, weil sie ihnen noch nicht bewusst gemacht wurde? Spüren Sie, dass jene, denen es momentan gut geht, sich jenen, denen es momentan weniger gut geht, kaum annehmen? Wenn Sie durch die Stadt gehen, was sehen Sie, wenn Sie in die Gesichter der Menschen blicken, die an Ihnen vorbeigehen, sehen Sie Menschen oder was sehen Sie in deren Gesichtern, sehen Sie überhaupt in deren Gesichter?

Gehen Sie durch die Straßen der Stadt und in ein nobles Restaurant, was sehen Sie? Sie sehen Menschen, die Sie in der Straße nie trafen, Sie sehen ihre Autos in Hinterhöfen geparkt, was denken Sie, wenn Sie das sehen, denken Sie darüber nach, warum diese Autos in Hinterhöfen stehen? Spüren Sie, wie diese hier Anwesenden unter ihresgleichen sein möchten? Spüren Sie, dass Sie wieder gehen sollten, weil ihnen der Kellner nicht entgegenkommt und Sie nicht verbeugend begrüßt werden wie jene, die nach Ihnen kamen, spüren Sie Ihren Wert?

Sie stellen sich an eine Bar in einer Spielhöhle, alle schauen Fußball, hören Sie, wie viele der hier Anwesenden aktiv am Rasen mitspielen? Hören Sie, wie glücklich einige schreien, wenn ein Tor fällt, wie traurig und fast zornig andere dieses Tor wahrnehmen? Denken Sie, dass diese eine zu kleine Welt für Sie ist, denken Sie daran, Ihr Glas rasch auszutrinken und wieder das Weite zu suchen. Spüren Sie, dass diese Menschen sich an ihre Helden klammern, dass sie für sie alles tun würden, dass sie ihren Vorbildern überall hin folgen werden und letzten Endes ihren Vorbildern auch als Kanonenfutter dienen?

Sehen Sie an großen Festtagen in Kirchen auch solche, die Sie an normalen Sonntagen nicht sehen? Sehen Sie, wie andachtsvoll mit erhobenem Kopf ihre Blicke in der Menge kreisen, um gesehen zu werden, sehen Sie, wie freundlich sie durch die Menge grüßen, spüren Sie deren Macht in der Gesellschaft? Sie sehen aber auch viele aufrichtige Bürger, die ehrlich zu Gott beten.

Sie hören es im Fernsehen, Sie lesen es in der Zeitung, dass geringe Jahreseinkommen in Zukunft steuerfrei bleiben, Sie lesen, dass somit achtundvierzig Prozent (!) der Menschen keine Steuern mehr zahlen müssen, weil sie nur ein Existenzminimum bekommen. Achtundvierzig Prozent der Menschen erhalten für ihre Arbeit nur einen Trost. Spüren Sie, dass dies ungerecht ist? Fragen Sie sich, warum gerade die Flugkapitäne und Ärzte mit ihren hohen Monatseinkommen in ihrem Streik unterstützt werden, wer unterstützt jene achtundvierzig Prozent der Menschen, die sich ein warmes Bett ohne Zuschüsse nicht mehr leisten können? Wurden sie vergessen? Spüren Sie, dass hier etwas nicht stimmt?

Fragen Sie sich auch, ob ein Unterschied zwischen einer Beamtendurchschnittspension zu einer ASVG-Pension - der Unterschied beträgt unerklärlich das 2,85-fache zugunsten der Beamten - gerecht ist. Fragen Sie sich, ob eine zwanzigfach höhere Herrschaftspension gegenüber einer Mindestpension gerecht ist? Sie spüren es, da stimmt etwas nicht.

Uns allen ist damals das große Geschäft des Verkaufes der größten Bank mit allen Firmenbeteiligungen für zehn Milliarden Schilling als Erfolg präsentiert worden. »Ein tolles Geschäft« schrieb man in allen Zeitungen und man hörte es auch so im öffentlichen Rundfunk. Nach einem Jahr hatte dieselbe Bank zehn Milliarden Bilanzgewinn, die sie stolz und wiederum zur Betäubung aller als größten Erfolg der Unternehmensgeschichte verkaufte. Dieser Gewinn ging an die neuen, ausländischen Eigentümer, welche die Bank damals für denselben Betrag gekauft haben. Somit ist dieses Unternehmen mit allen Beteiligungen - schleierhafterweise - irgendwie gratis über den Ladentisch gegangen. Für ein Nichts ist unsere Bank verscherbelt worden. Spüren Sie, dass da etwas nicht stimmt?

Haben Sie noch in Erinnerung, wie unlängst ein namhafter, ehrwürdiger Mann als dritter Kandidat zur Bundespräsidentenwahl antreten wollte? Ist Ihnen bewusst, dass er von den anderen Kandidaten und von den Medien ausgeschaltet wurde, weil er seine Geldgeber offenlegen musste? Erkennen Sie jetzt, dass ein ehrenhafter Bürger niemals eine Chance hat, dem Volk politisch zu dienen, dass er sofort und über alle Parteigrenzen hinweg von denen, die sich die Macht genommen haben, demontiert wird? Wenn Sie das denken, dann denken Sie richtig, so ist es. Politik braucht ein Gewissen, das trommeln die Parteikandidaten jedes Mal als Wahlslogan, viele Demokratien in Europa dürsten nach diesem Gewissen. Sie wissen, die Offenlegung der Geldgeber hätte nicht sein müssen, denn die anderen Parteikandidaten schöpften vollends aus Budgetgeldern. Denken Sie darüber nach, wie Untersuchungsausschüsse ablaufen und die Ergebnisse im Müllkorb landen. Der Präsident schweigt. Sie ahnen es bereits: Wir stehen ohnmächtig daneben.

Sie hören es, Sie lesen es, Sie spenden selbst für die Ärmsten der Armen. Glauben Sie, dass ein gesundes, gerechtes Sozialsystem solche Spenden notwendig hat? Diejenigen, die die Spenden bekommen, werden zum Bittsteller, sie werden im Fernsehen und in Zeitungen mit ihrem Leiden vorgeführt - »da ist ein armer Hund, arme Kinder, arme Frau« - als Aufforderung zum Spenden. Fühlen Sie, wie es denjenigen ergehen mag, die hier Bittsteller sind, die hier vorgeführt werden? Denken Sie, dass das eine gute Gesellschaft nötig hat, wäre es nicht das Normalste auf der Welt, dass es solche Nöte erst gar nicht gibt?

Merken Sie noch, spüren, fühlen Sie noch die wahren Aufgaben für unsere Zukunft? Sie lesen und hören vom Krieg gegen Terroristen, gegen die Palästinenser, die um ihre Existenz kämpfen, vom Krieg gegen andere Bedrohungen dieser Erde. Sie lesen über den größten Mauerbau in Israel, Sie lesen, dass Sharon alle Israelis zur Heimkehr aufrief, zurück in dieses mauerdichte, Stacheldraht umwobene Land - »kommt heim nach Israel hausen!« Lesen, sehen und hören Sie, ob wir den Hunger dieser Welt bekämpfen, ob wir Armut bekämpfen, ob wir unsere Biosphäre schützen, über dieses lesen, hören und sehen Sie im Vergleich zur Kriegsberichterstattung sehr wenig, nicht wahr? Denken Sie, wenn wir Hunger, Armut und Leid bekämpfen, wenn wir den kapitalmächtigen Kriegstreibern ihre verbrecherische Absicht vor Augen führen und ihnen durch Befehlsverweigerung Widerstand leisten - jedoch dann, und nur dann, wenn wir nicht einem Aggressor gegenüberstehen, der uns angreift, sondern wir diejenigen sind, die sich diesen absurden Befehlen unterwerfen und andere Schuldlose, Unterdrückte angreifen -, dass es viele Kriege auf dieser Erde nicht mehr gäbe, dass, wenn wir alle am Leben maßvoll teilhaben lassen, wir dann alle voller Freude miteinander leben könnten, spüren Sie das auch?

Was denken Sie, warum es immer wieder Kriege gibt, keiner will wie in Urzeiten ein Land erobern, das er dann selbst bebaut. Wahr ist, dass heutzutage alle Kriege entstehen, weil kapitalmächtige Personen und Lobbys daraus Vorteile ziehen. Sie profitieren ungemein von dem Jahrtausende alten Zyklus der Zerstörung und des nachfolgenden Wiederaufbaus: Zerstörung und Wiederaufbau, von diesem Zyklus sahnen sie alle ab. So werden ihre Aktien gespeist. In einer Zeit, in der alle materiellen Grundbedürfnisse befriedigt sind, geht es darum, einen guten Lebensstandard für alle aufrechtzuerhalten.

Glauben Sie wirklich, dass wir mit unserer Wirtschaftspolitik der Aktien und Wertpapiere die Umweltkatastrophe abwenden können, wenn Sie hören, dass Russland in den nächsten zehn Jahren die Produktion verdoppeln will, dass

Asien dasselbe tun wird? Was glauben Sie, wie viele Ressourcen dafür verbraucht werden? Was denken Sie, wie man aus dem Desaster herauskommen könnte? Denken Sie überhaupt darüber nach? Denken Sie, dass schon längst alles zu spät ist? Ja! Mit diesem Wirtschafts- und Gesellschaftssystem ist es zu spät. Die Aktien brauchen die Wirtschaftsaufschwünge und somit mehr Produktion von Müllgütern. Das vergeudet Ressourcen, hieraus entsteht der Großteil der Umweltmisere. Denken Sie über Alternativen nach? Können Sie sich ein anderes System vorstellen? Verschenken Sie lieber Ihre überflüssigen Sachen an diese Länder, damit sie nicht zu produzieren anfangen? Schenken Sie gerne, verzichten Sie gerne? Haben Sie schon einmal bei »Ideenwettbewerben« mitgemacht? Dort haben Sie ungewollt auf ihre Idee und somit auf ihr geistiges Eigentum verzichtet. Im Kleingedruckten stand, dass Sie die Werknutzungsrechte mit ihrer Teilnahme abtreten. So sind sie, die Konzerne, für billigste Awards sammeln sie unser Wissen, sowie die Käppchentragenden alles an Kulturgut billigst dem Künstler abspenstig machen, und erst wenn er gestorben ist, wird es teuer vermarktet. Ja, so ist es.

Wir alle spüren es, da stimmt etwas nicht! Wissen aber, da ändert sich nichts. Denken Sie alle nach, warum sich nichts ändert? Würden Sie sich ändern?

Wenn Sie unsere organisierte Gesellschaft, die Bündnisse, die schlechten Netzwerke mal so richtig durchdenken, sich diese Zwänge, sich diesen ungerechtfertigten Klüngel veranschaulichen, sehnen Sie sich dann nicht nach einer neuen, offenen, freien Gesellschaft, nach einer Bewegung, die den Menschen dienlich ist, die Freiheit, Sicherheit, Ethik und Werte vermittelt, und dies zum Programm für die Menschen in diesem Land, auf diesem Kontinent gemacht hat? Unterstützen Sie so eine Bewegung, möchten Sie sich einbringen, mithelfen, unsere Zukunft selbst in die Hand zu nehmen, um alles Erdrückende abzuwerfen? Wenn Sie das wollen, dann sollten Sie es tun. Parteien entstanden immer aus einem Anlass. Dieser Anlass ist längst gegeben. Wir sollten unsere Zukunft so gestalten, dass niemand mehr unterdrückt und arbeitslos ist, entwürdigt und verschämt sein braucht. Wir dürfen uns guten Gewissens eine bessere Zukunft gestalten.

Alle Weltreligionen sollen Frieden schaffen und mit friedlichen Mitteln mithelfen, eine neue Weltordnung zu formen. Radikale Gruppen müssen bedenken, dass radikales Verhalten nur noch mehr Gewalt auslöst. Die Mächtigen rechtfertigen damit Kriege und gerade dadurch werden sie noch mächtiger. Begegnen Sie ihnen mit ihren eigenen, laut gepriesenen Mitteln der Demokratie. Nehmen Sie ihnen ihre Macht, indem Sie diesen eigennützigen Lobbyisten mit demokratischen und friedlichen Mitteln entgegentreten. Enttäuschen Sie aber nicht die Menschen, die Sie unterstützen und tragen werden, entmutigen und enttäuschen Sie auch jene nicht, die sich aus Zweifel vorerst nicht Ihren Vorstellungen anschließen werden. Versuchen Sie, sie zu überzeugen. Mitglieder in Machtburgen werden erleben, dass ihre Dienstleistungen und Institutionen durch den technischen und organisatorischen Fortschritt nicht mehr benötigt werden, damit werden sie auch als Lobbyisten überflüssig - sie werden nicht mehr gebraucht, wie sie schon jetzt nicht gebraucht werden. Diesen Seilschaften bewusst entgegenzutreten, wird eine politische Aufgabe des nächsten Jahrhunderts.

Gesellschaftsgeister

Sündenfall Opernball

Die Träger unserer Gesellschaft schafften sich vor Jahrzehnten ein Forum, den Opernball, den Ball für die obere Gesellschaft. Gratis ins Fernsehen zu kommen, ist ein Bedürfnis für jeden Auerhahn und jede Pfauenfrau. Schon beim Aussteigen aus ihren Luxuskarossen werden sie gefilmt, diese Reichen und Schönen. Reichen Puder und Lifting nicht aus, so kommen die Damen in aufreizender Abendrobe und zeigen viel nackte Haut. Wenn diese Herrschaften dann durch die Eingangstüre treten, stehen die nächsten Kameras ganz oben an der Treppe in Position und filmen den atemlosen Gang der schweren Körper. Oben angekommen, ein wenig außer Atem, sprechen sie dann zum Volk oder führen ihre Roben und Fracks vor.

Der Saal füllt sich stetig, die Logen werden bezogen. Je wichtiger einer ist, desto teurer die Loge. Den ganz Wichtigen wird kein Geld abgenommen, der Steuerzahler bezahlt diese Logen. Der Bürger muss sein Lebenseinkommen mit dieser Opferdarbietung sichern, anderenfalls werden Unternehmen aus dem Land abgezogen, dorthin, wo die gratis gestellten Logen noch größer sind.

Fortan bekommen diese »Träger der Gesellschaft, sie tragen uns alle bald zu Grabe« Getränke- und Essenbons, um sich gratis über die Futtertröge und die Wein- und Sekttränken in diesem mit Blumen geschmückten Hof herzumachen. Ungeniert langen sie zu, bis ihnen schlecht wird. Dann jagen die Kameraleute des Staatsfernsehens den Schritten der Herrschaften nach bis vor die Klotür. Gebührliches Zuprosten darf nicht fehlen, zu wichtig ist es, dieses zu senden. Er daheim spürt auf seinem Sofa, wie er mit dem Bundeskanzler anstößt, mit dem Wirtschaftsminister ein paar Worte plaudert, bis er wieder aufwacht, zum Kühlschrank geht und nur Dosenbier vorfindet. Dosenbier ist doch auch gut und im Discounter gar nicht so teuer.

Prost die Herrschaften da drinnen, prost. Diesen Herrschaften wird dann nach der Polonaise immer angesagt, ab wann
sie tanzen dürfen. »Alles Walzers!«, ruft da einer edel vom
Podium, und alle schwingen das Tanzbein. Sie stochern und
latschen mit ihren Füßen am Boden herum. Zu fortge-
schrittener Stunde sind sie dann alle ganz rötlich im Gesicht. In den Logen wird geschüttet und gespritzt und danach wieder frisch tapeziert. Diese Herrschaften, sie werden nun zu Fleisch, ihr Geist wird schwach. Im Fortgehen,
in der Früh, räumen sie für den eigenen Mittagstisch noch
die Blumengestecke ab. Noch Tage danach soll an dieses
Gratisfest erinnert werden. Einfache Leute getrauen sich
nicht, nur ein Blatt dieser Gestecke mitzunehmen, sie tragen das Blatt vor dem Mund. Einige aber haben weder
Scheu noch Scham, sie raffen, wie im Leben auch, alles
zusammen, was sie ohne Arbeit ergattern können.

Die Zeitungen berichten über dieses Trinkgelage dann noch
bis zum Erbrechen am nächsten Morgen. Überall sieht man
Bilder von diesen Herrschaften. Den Leuten wird vorgeführt, wo ihr erarbeitetes Geld verprasst und verspeist
wird, ihnen wird es nochmals vorgeführt, damit sie nicht
vergessen, ihre Bierdosen umweltgerecht und sortiert zu
entsorgen. Dieses wunderbare Haus, diese Oper, verdient
es, schönere Feste zu feiern.

Nationalstaaten, Nationalstolz

Österreich ist sehr stolz auf seine ländliche Kultur. Die
Politik trägt zu diesem Nationalstolz bei, indem sie die
ländliche österreichische Mentalität sehr zum Zwecke des
Tourismus vermarktet. Ein Gast aus dem Ausland muss
diese Lederhosenkultur konsumieren können, sofern es ihn
zum Urlauben hierher verschlägt.

Auf dem Land sind oft schon die Städter Ausländer, auch
wenn sie nur von dreißig Kilometer weit her kommen. »Die
Grazer, die Wiener, die von der Stadt, sollen sie doch dort
bleiben, wo sie herkommen. Sie sprechen ja alle ein wenig
anders als wir. Sie haben so gar nichts Einheimisches, und
zum Wirt kommen sie auch nicht. Ja, und die dort in der

EU, alles nur Gauner, Abzocker und Nichtstuer. Der Euro - alles ist teurer geworden«, so rülpst man am Biertisch vor sich hin. Die Zeitung aufgeblättert, ein Obdachloser ist wegen der Hitze auf der Parkbank verstorben, »um so einen ist es eh nicht schade«, hört man im Gelächter.

Der Mann ist hierzulande der Herr im Hause, wie es seit tausend Jahren *gelebt* wird. Er darf sich seinen Stall so herrichten, wie er es für sich braucht, hat einmal seine Frau keine Lust, hat er dafür seine Töchter gezeugt und zeugt mit ihnen noch jüngeres Frischfleisch. Der Bock gebraucht das Weib, sie strickt, sie hört nur das Quietschen der Nadeln, die Kälber blöken unter seiner grobwiderlichen Last. »Es ist ja alles in Ordnung, mein Herr und Gebieter.«

Alle Völker haben ein nationales Gedankengut, haben Scheu vor der Fremde und vor dem Fremden, ja Hass kommt ihnen auf, wenn sie eine andere Hautfarbe zu sehen genötigt werden. Hass schäumt aus ihrem Munde, wenn sie nicht unter ihresgleichen sein können. Schon ein Städter stört, vielmehr natürlich noch ein Ausländer. Ein junges ausländisches Freudenmädchen stört da allerdings weniger, sie kann für wenige Minuten gekauft werden, sie muss dann tun, was der Ekelige begehrt.

Urlaub machen sie alle nur zu Hause. »Was soll ich dort im Ausland?« Zu Hause, im nationalen Gefilde ist es ach so schön. Manche aber, die Weltbürger, waren schon einmal in Italien, andere in Griechenland. Keiner empfand sich dort selbst als Ausländer, nein, sie erzählen, wie viele Ausländer, also Griechen und Italiener, sie dort gesehen haben - diese dunkelhäutigen Gestalten mit ihren dunklen Augen. Zu trauen ist ihnen nicht. Dreimal in der Woche gab es dort Wienerschnitzel, die wissen schon, was ein österreichischer Gast begehrt.

Alle Europäer wollen Europa, dann und nur dann, wenn es etwas gratis gibt, Beihilfen sind begehrt, sonst aber sind wir gerne Franzosen, Niederländer, Österreicher, Engländer, national eben. Warum sollen wir uns mit einem Nationalrat oder mit einem Europarat auseinandersetzen? Wir wissen ja eh alle, was wir zu tun haben - arbeiten, fleißig arbeiten. Nur, wer bringt und organisiert die Arbeit? Was kümmert es einen, Arbeit ist ja da, einfach da, die da oben rufen einen an und geben Arbeit, diese Herren da, die von den Firmen, die vom Amt, vom Staat, von der EU vielleicht sogar. Aber wählen tun wir diese Herren von der EU, diese Gauner, nicht, nein, sicher nicht. Unser Bürgermeister ist uns immer noch der Beste.

Wir armen Europäer, die Mächtigen haben sich im Osten eingekauft; Firmen, Banken und Höfe haben sie dort eingekauft. Nun aber machen es uns die Staatsbosse des Ostens nach. Jetzt heulen die Unseren in Richtung Politik und bitten um Schutz vor Übernahmen. Es darf nicht sein, dass ein Russe uns kauft, ein Inder, ein Chinese, nein, wir Österreicher lassen uns nicht kaufen, WIR kaufen andere, wenn es sein muss auch mit Brachialgewalt, die MOL muss her, heim nach Österreich. Wir wollen Ungarn, Tschechien, Slowenien, wir kaufen sie alle. Bis allen dort das Kotzen kommt. Viel geliebtes Österreich. Unsere Unternehmer zittern um ihre Posten, der russische Bär wirft sie dann sicher alle raus, wie auch die Unseren dort alle Bosse rauswerfen. Sie wirtschaften so, wie sie es von uns gelernt haben. Stolz waren wir, als wir ihnen zeigten, wo es langgeht. Nun aber dürfen wir die Übernahmearbeiten verrichten, dann kaufen sie alles wieder zurück. Oh mein Gott.

An unsere Nachkommen

Es ist schwer, gutes Gedankengut hinauszutragen. Viele Menschen sind sehr schlichte Denker, oft sture Köpfe, wenn sie ein wenig denken, dann denken sie materialistisch; großteils denken sie gar nicht. Man braucht sich nicht den Kopf zu zerbrechen, warum das so ist. Auffallend ist, dass Menschen in höheren Positionen sehr dreist ihre materiellen Forderungen stellen, sie ignorieren ihren angerichteten Schaden für die Umwelt. So lege ich meine große Hoffnung in die zukünftige Generation, in unsere Kinder. Für Denker sollte es logisch sein, dass jene, die für unsere Gesellschaft hart arbeiten oder in Kriegen den Mächtigen als Kanonenfutter dienen, Würde und Anerkennung erfahren. Jene aber, die ihre Macht vom Wähler verliehen bekamen, unterliegen anderen Maßstäben.

Nach dem Zweiten Weltkrieg, in der Zeit des Wiederaufbaus gab es große Solidarität untereinander, jeder brauchte jeden. Heute herrscht eine Klientelpolitik: Jede Gruppe wird von Parteien vertreten, die stärkere, geldmächtigere ist dominierend, man hat den Blick für Fairness und Gerechtigkeit verloren.

Die kapitalmächtigen Gruppen und Personen holen sich Steuergelder mit Betriebsansiedelungen, eine Ansiedlung ist aber noch keine Gegenleistung, wofür wird bezahlt? Sie bekommen Geld vorab von Landesbudgets, damit sie ihre Unternehmen in einer bestimmten Region aufbauen, und ihre Unternehmen nicht ins Ausland verlagern, um damit die Arbeitslosigkeit nicht zu erhöhen. Der erwirtschaftete Gewinn allein, den die Unternehmen einmal durch die dort arbeitenden Menschen einnehmen werden, ist ihnen nicht ausreichend. Politiker finden die Zuschüsse notwendig, weil sie bei der nächsten Volkswahl kundtun wollen, was sie alles für uns erreicht haben. Vielen ist dieses Geschehen zu wenig bewusst und sie lassen sich von vordergründigen Erklärungen täuschen.

Die Mächtigen betreiben ihre Vetternwirtschaft. Diejenigen, die derzeit die Macht innehaben, sei es politisch oder wirtschaftlich, drängen ihre Nachkommen oder Freunde in schwindelige Managerpositionen, wo diese dann maßlos überfordert sind, offensichtlich mit dem Ziel, ihre Macht für eine gewisse Zeit über diese willenlosen Sklaven, ihre »Söhne und Töchter«, weiter ausüben zu können. Diese hingestellten »Söhne und Töchter«, ihrerseits oft widerwillig in diese Positionen gedrängt, mühen sich überdrüssig, dem Gemeinwohl schädlich, kläglich ab, verbauen damit aber kompetenten Personen Macht und Stellung.

Viele Ideen werden unterdrückt, weil es nicht die Ideen der Lobbyisten sind oder weil diese Ideen die Pfründe der

Mächtigen schwächen könnten. Um sich ihre persönliche und institutionelle Macht zu erhalten, benötigen sie aufgrund der immer komplexer werdenden Zusammenhänge und der Arbeitsscheuen in den eigenen Reihen Managementgesellschaften. Diese Gesellschaften fungieren als neuzeitliche Hofnarren, die der Herrschaft unterwürfig die nötigen Strategien unterbreiten, damit die Herrschaft im Kreise ihres Saufgelages ihre Pfründe neu abstecken und beduften kann. Übertritt ein Narr diese Duftgrenze, wird ihm die Eintrittskarte zu seinem eigenen Leben entzogen.

Die Mächtigen haben eine Welt geschaffen, die Arm und Reich entstehen lässt, ohne Rücksicht darauf, dass diese Polarität einmal zu Unruhen führen wird. Es kann aber sein, dass jene, die dann in Armut leben, keinen Widerstand mehr leisten, weil der Weg in die Armut sehr langsam und schleichend erfolgt und sie keine Kraft mehr haben, sich zu wehren, und nur mehr hilflos vor sich hin vegetieren. Dieser langsame, schleichende, unauffällige Weg in die Armut ist wahrscheinlich beabsichtigt und Teil dieses Systems.

Der freie Studienzugang wird durch Armut untergraben. Studieren können bald nur mehr Kinder aus wohlhabenden und einflussreichen Familien. Sie werden dann dieses System weiter zu ihrem Vorteil verteidigen und noch weiter ausbauen und noch mehr an Vermögen schöpfen, ohne Leistung einzubringen. Diese »erwünschten Studenten« werden in Fachhochschulen, die nicht jeder absolvieren darf herangezüchtet, nur jene werden dort ausgebildet, die die Wirtschaft braucht. Es ist dabei zu hinterfragen, wer die Wirtschaft lenkt. Freigeistigen wird diese Ausbildung oft verwehrt. Nach und nach werden auch die freien Hochschulen in wirtschaftliche Abhängigkeit gebracht, um von den Mächtigen gelenkt zu werden. Dann haben wir den organisierten Akademikernachwuchs, wie es uns die Jungmannschaften heute schon vorleben. Dieses Ungemach ist schädlich.

Unsere Nachkommen werden eine Welt vorfinden, die ihnen unsozial und ungerecht erscheint. Wichtig ist, dass sie sich immer über das Vorhandene Gedanken machen und sich Fragen stellen, ob das Vorgefundene gottgewollt ist oder von Menschen gemacht. Wenn Personen im Übermaß reich sind, dann sollten sie darüber nachdenken, ob dieser Reichtum aus eigener Leistung erarbeitet und erspart werden konnte. Ist dies ausgeschlossen, so kann man den Schluss ziehen, dass jene womöglich über Generationen zu viel geschöpft haben, und auch, dass sie ihre Produkte aufgrund ihrer Macht zu teuer verkauften. In diesem Falle ist eine Rückholung des Vermögens ins Gemeinschaftsvermögen gerecht und notwendig, und es braucht sich niemand dafür zu schämen, das zu fordern. Diese Gedanken zur Rückführung unterschlagener Mittel sind gar nicht so realitätsfremd, man denke daran, wie es vor nicht langer Zeit einem russischen Oligarchen, der sich mit der Liberalisierung der Wirtschaft Reichtum angehäuft hatte, erging. Er wurde verhaftet und seine Aktien vom Staat beschlagnahmt - eine etwas andere, etwas »rubel«-ige Art der Rückführung ins Gemeinschaftsvermögen. Zukünftige Revolutionen sollen sanfte Revolutionen sein, in höchstem Maße geistige Revolutionen, in ihrer Zielerreichung aber unmissverständlich, rasch und wirksam.

Wenn Personen und Familien sehr arm sind, muss man fragen, warum sie arm sind. Wenn sie nur gering - über Generationen - für ihre Leistung entlohnt wurden, so ist es gerecht, ihnen dieses Unrecht zu lindern und ihre Situation zu verbessern.

Die Globalisierung löst viele negative Gefühle aus, sie ist eine Gefahr für das soziale Gleichgewicht, weil sie die Polarisierung von Arm und Reich vorantreibt und somit den sozialen Frieden gefährdet. Wenn sich das bestätigt, ist eine rasche Globalisierung ein Segen, weil der Leidensweg kürzer wäre. Sollte am Ende alles Vermögen nur Wenigen gehören, so ist eine Revolution gegen diese Wenigen eine kleine, aber effiziente Revolution. Wichtig ist, dass jene, die diese Revolution trifft, mit Würde behandelt werden, dass alle ihre Bedürfnisse maßvoll befriedigt bleiben. Alles ins Gemeinschaftsvermögen zurückgeholte Vermögen kann dann wieder gerecht umverteilt werden. Die Menschen dürfen sich diese ungerechtfertigte Klassengesellschaft nicht mehr gefallen lassen.

Der Mensch spürt die Auswirkungen der Globalisierung, wenn er immer wieder bei unterschiedlichen Firmen und Institutionen auf dieselben Hintermänner stößt, die die »Fäden ziehen«. Ist man mit einem dieser Mächtigen über Kreuz, katapultieren sie einen aus der Gesellschaft - eine allseits gefährliche Entwicklung!

Eine Revolution für mehr Humanität richtet sich nicht primär gegen die Reichen persönlich, sie ereignet sich im Hinblick auf Güter und Vermögen. Die Güter werden von allen friedlich in Gebrauch genommen, geschaffen wurden sie ja ohnehin durch deren Leistung. Paläste, Wohnungen, Wälder, Äcker usw. werden vom Volk übernommen und verwaltet, ob sie einem Mächtigen gehören, ist nicht wesentlich. Das Volk soll sie in Form einer günstigen Ingebrauchnahme nutzen können. Wichtig ist, dass dieser Sachverhalt schon jetzt beschrieben wird, damit es schon jetzt sinnlos erscheint, allzu viel zu nehmen und für die Nachkommen Unmengen an Reichtum zu horten. Die Nachkommen der Reichen könnten dann die Handlungen nicht verstehen, weil sie derart an Reichtum, Nichtstun und Machtausübung gewöhnt sind, dass sie ihre Situation als gottgewollt ansehen. Vor diesem Irrtum sollten sie geschützt werden, um womöglich tragische Selbstmorde in ihren Reihen zu verhindern.

Viele Einwanderer kommen zu uns. Für uns und unsere künftigen Generationen ist es wichtig, unseren Lebensraum als den unseren zu erhalten. Seien wir also wachsam hinsichtlich der Motive mancher Einwanderer. Der Westen lebt in einer offenen Gesellschaftsordnung, oft aber hindert dessen freie - vielleicht scheinheilige - Geisteshaltung ihn, die Gefahren zu erkennen. Vorsicht vor denjenigen, welche ihre östlichen Traditionen bei uns mit Vehemenz beibehalten möchten und ihre Absichten verschleiern. Sie könnten uns in Zukunft unterdrücken. Die weißen Einwanderer in den Indianerterritorien - wir dürfen diese Geschichte nicht vergessen, damals waren wir, unsere Rasse, die mit »Gesichtsschutz reitenden« Unterdrücker - haben ein Volk fast zur Gänze ausgerottet. Afrikaner haben wir als unsere Leibeigenen versklavt. Jene, die wider alle Vernunft ihre (religiösen, »verkopftuchten«) Traditionen - welche zu Vereinnahmungszielen vorgeschoben werden - leben, vor allem jene, die derzeit das Kopftuchverbot an öffentlichen Orten mit Terror bekämpfen wollen, werden wieder dorthin gelobt, wo sie es leben dürfen oder müssen.

Hinterfragt auch, warum manche die Islamisierung des Westens wollen. Schüren sie mit gezielten Berichten und mit ihrer Medienmacht den Kampf zwischen Christen und Muslime, verfolgen sie damit ein Ziel? Kann es sein, dass der Krieg zwischen Christen und Muslime von einer anderen Gemeinschaft gewünscht ist, damit sich diese beiden gegenseitig schwächen oder sogar ausrotten? Ist erst dann die Welt für sie allein gedacht und »rein«? Muslime und Christen, fällt auf diesen Trug nicht herein!

TEIL IV

Soziologische Schwänke

Mutterliebe

Nun ja, die Jungmänner, sie werden im frühen Mannes-
alter sanft in die Geheimnisse der Frauenwelt eingeführt,
mal von älteren Damen, mal von zarten Gleichaltrigen.
Damen mögen Buben, sind sie doch alle so liebe Jungs, so
zarte Gesichter, gleich dem eigenen Sprössling. Es ist sicher eine lüsterne Erfahrung jeder Mutter, wenn sie sich
ausmalt, wie denn ihr Söhnchen das Erlebnis so erlebt,
reine Mutterliebe eben.

Die lieben Mütter! So oft sieht und hört man, wie sie sich
um das Wohlergehen ihrer kleinen Söhne kümmern. Die
Söhne haben es ihnen angetan. Den Töchtern beißen sie
während des Frauwerdens ins Genick. Stutenbeißerei.
Manche Mütter spielen oftmals, im Freibad, mit dem
Kleinsten ihrer Kleinen: »Ja was haben wir denn da für ein
kleines Wutz(i), schon so wasserfest.« Sie gucken auf andere, ob denn nicht ihr Söhnchen den Besten hat. Machen
die Väter diese Spiele auch mit ihren Töchtern, »ja was
haben wir denn da für eine kleines Dings(ˡ)da«, werden sie
eingesperrt, das ist auch recht so. Bei Müttern ist es Mutterliebe. Dieses Verhalten wird einem Jungen erst später
zum Verhängnis, dann, wenn er sich, so er sich von seiner
Mutter nicht lösen kann, zur ewigen Ruhe begibt. Eine
Verurteilung erfährt sie nicht, kann sie ihn doch nicht phy-
sisch vergewaltigen, weil sie nichts reinstecken, sondern
nur raufstecken kann, und in kuscheliger Wärme ist's bald
erigiert. Sie dreht sich weg vom schlimmen Jungen, ihr Po
rollt sich in seinem Schoß zum Stoß, sie schläft ganz tief im
nassen Traum. Gelegenheit macht Liebe. Sie hat nach alter
Tradition ihrem Herrn so lange zu dienen und zu lieben,
solang er es will. Er schießt ihr den Saft, auch oft im Zorn
und zur Demütigung so oft ins Becken, bis sie krank wird,
sie sammelt in ihrem Schoße und bekommt vor Ekel Mig-
räne, ihr treibt es den Brei aus ihrer Stirn. In Herrenge-
sellschaft wird diese Macht demonstriert, ER hat sie im
Griff! bis sie sich scheiden lässt, seine Familie stößt sie aus,
nicht selten bringt er sie dann um; sein Eigentum.

Pubertät

Mit gleichaltrigen Mädels haben die Buben so ihre Probleme, sind doch viele von ihnen an älteren Männern interessiert. Die Buben wundern sich immer, warum sich ihre Schulkameradinnen an Ältere heranmachen. Herren haben Autos und holen die Mädels von der Schule ab, nein, nicht ihre Töchter, die Kameradinnen der Töchter holen sie ab und fahren mit ihnen in den Wald oder in Stundenhotels. Sie fahren auf schnellstem Wege dorthin, um die Mädels auf feuchter Wiese zu vernaschen. Die Buben machen lange Gesichter. Später, in der Rolle der Autofahrer, finden sie es ganz normal, dass die jungen Weibchen in ihr Auto hüpfen.

Autos sind sexy. Es ist das kühle Blech, das glatte Leder auf nackter Haut, und überhaupt, zeugt es doch von Wohlstand und Potenz. Manch einer bringt sich damit vor lauter Kühnheit zu früh ins Grab.

Dunkle Jungs haben es leichter, ein Mädchen zu begeistern. Ähneln sie doch sehr dem fremden, wilden, aus dem Gebüsch herausspringenden Bock, dem räudigen Straßenkater. Am besten wäre er dunkelhäutig, bestiefelt, nur mit Ledermantel bedeckt und regenüberströmt. Das wäre dann schon sehr saftig, deftig, kräftig und fortpflanzungswert - eine Begattung wie ein Urknall. Die Blonden sind zärtlicher, so empfindet es die Frau. Doch viele Lustmörder waren auch blond. Das Tier im Manne ist überall, ein genetischer Unfall und man(n) wird zum Schwein. Ein wenig Schwein muss aber sein fürs Gebein, sonst kommt man niemals dort rein.

Unser Kater. Ihm war es sehr angenehm, im erlaubten Alter von erfahrenen Frauen genommen zu werden. Nehmen konnte er sie nicht, zu übermächtig waren ihm der Frauen Schoße, zu fordernd ihr gieriges Verlangen nach mehr und mehr: »Noch, noch, noch ...«, hörte er in seinem Ohre brummen und summen. Mit vielen verlorenen Kilos und vollkommen gestrauchelt schlich er sich jedes Mal danach in sein Nest zurück, um auszuruhen.

Er war ein ganz Schüchterner, ein schmalspuriger, aber lebendiger Kater. Schon frühzeitig zog er in die Stadt, in ein Burschen- und Männerheim, in eine Lehrlingsschlafstätte. Die Leiterin weckte ihn immer sehr gewissenhaft, stieg mit weitem Schritte, oft auch ohne Unterhöschen - es war zu sehen, was zu zeigen beabsichtigt war - über ihn, über sein Bett, um das Fenster zu kippen. Die älteren Kollegen in diesem Heim nahmen sich seiner an und führten ihn in die Geheimnisse der Großstadt ein. Sie fuhren mit ihm in ein Puff, was er bislang nicht kannte, war er doch sehr behütet aufgewachsen. Er verliebte sich in eine der graziösen Damen, es war eine ganz zärtliche Dame, mit richtig dosiertem Griff in den Schritt. Die gegebenen Einheiten waren sehr wohltuend und gekonnt. Erst nach Monaten war ihm klar, dass diese Dame käuflich war, hatten doch seine Kollegen ihm diese ersten Begegnungen bezahlt. Sex war es keiner, nur so ein bisschen streicheln und daran nuckeln, fürwahr es ging ja alles ganz schnell, so nebenbei, gleich an der Bar.

Am Zellersee, er war am Ufer entlangspaziert, da saß verlassen ein Mädchen mit starrem, ruhigem Blick auf den See. Die Abendsonne schien ihr direkt ins Gesicht. Er setzte sich höflich fragend neben sie, sie antwortete nur das Nötigste. Eva hieß sie. Er wollte aufstehen und gehen, da fragte sie kurz, ob er schon einmal eine Frau gehabt hatte, schon mal Sex hatte. Er erzählte, dass er schon viel Erfahrung habe und erklärte ihr aus seiner Fantasie gewisse Details davon. Sie sah ihn ungläubig von oben bis unten an und meinte, dass dies sehr schade sei, sie wolle einmal einen Jungen haben, der es noch nie getan habe, einen Jungmann eben. Enttäuscht stand er auf und ging. Er haderte mit seinen Worten, war er doch noch Jungmann ohne sexuelle Erfahrung und nun bot sich so eine Chance, eine Gelegenheit, auf die er schon so lange wartete. Er beobachtete die Frau aus einem sicheren Abstand und folgte ihr den ganzen Abend lang, bis er genug Mut gefasst hatte und direkt auf sie zuging. Sie freute sich sichtlich, ihn wiederzusehen und fragte, ob er zufällig vorbeikomme. Er lud sie in eine kleine Bar ein. Jetzt offenbarte er ihr die Wahrheit mit zittriger Stimme. Die Augen von Eva leuchteten immer heller, sie lachte über das ganze Gesicht, sie nahm ihn an der Hand und sagte nur mehr leise: »Komm!«

Ihr Hotelzimmer war sehr sauber aufgeräumt, sie ließ ihn in alle ihre Schränke schauen, zeigte ihm ihre Kleider und Dessous, zog sich an und wieder aus und ließ ihn jedes Mal riechen und schnuppern. Ihre zarten Hände wühlten in seinem Haar, sie drückte seinen Kopf immer wieder gegen ihre untere Bauchhälfte. Auf einmal fiel ein Revolver aus der Schublade. Kater fuhr hoch, weg war alle Erregung. »Oh sorry, brauchst ja keine Angst zu haben, ich erschieße die Männer erst danach«, hauchte sie ihm zu und legte das Ding wieder in den Schrank zurück. Ihr Sternbild Skorpion und ihr Aszendent im Wassermann verliehen ihr etwas von einer Gottesanbeterin. Eine hohe Bankangestellte braucht zu ihrer Sicherheit schon ein Schusseisen. Danach bemühte sie sich wieder um seinen Kleinsten, sie bemühte sich so herzig und mundgerecht, dass nach Minuten wieder alles strammstand. Sie erteilte ihm eine Lektion aus einem Tantrabuch, erzählte ihm, was Frau gut tut und was weniger gut, nahm seine Hand und führte diese im richtigen Winkel zu ihren verborgensten Stellen. Es fühlte sich warm und nass für ihn an, sie riss ihre Beine auseinander, drückte seinen Kopf beidhändig in ihren Schoß und herrschte ihn an. Kater schlürfte sich durch ihren Vorhof hindurch bis hin zu den zartrosa, nass leuchtenden kleinen Nippelchen, daran in kindlichem Verlangen angesaugt, zuckte ihr Körper, ihre Beine zusammen, dass ihm die Ohren schrillten. Fortan öffnete sie sich so weit, dass sich eine kleine Höhle auftat. Ihr Herz pochte, als wäre es in dieser kleinen Grotte verborgen. Nach einer Weile zog sie ihn an seinen Schultern zu sich hoch und stammelte: »Gib ihn mir.« Er fühlte sich zum Bersten, aber er war unsicher, wie er ihn da wohl hineinbringe. Sie nahm ihn in die Hand, setzte ihn gekonnt in die richtige Position und keuchte: »Drück jetzt!« Und wie er ihn bis zum Anschlag durchdrückte, durchfloss ihn eine ihm unbekannte Wärme, ein Schauder vom Rücken über den Po, sodann er alles losließ, loslassen musste, ergoss er sich in heftig zitternden Schüben, in äffischer Umklamme-

rung in ihre so mächtige Vulva. Eva drückte seine Pobacken so fest, als wollte sie ihn als Ganzes verschlingen.
Zuckend, mit hochroter Brust, ihre Beine um seine ge-
schlungen, ihre Halsschlagader als Ganzes sichtbar, sank
sie allmählich in sich zusammen. Noch viele Nachbeben
und ganzkörperliche Zuckungen folgten. Dann schlief sie
ein. Ihr Gesicht war im Schlaf zart entspannt, sie schlief
fest und ruhig. Er umschlang sie mit Beinen und Händen,
er wollte sie nie mehr hergeben. Die nächsten zwei Wochen
waren voll ausgebucht: essen, lieben, schlafen, spazieren
gehen, die Almwiesen beduften, neben den weidenden Kü-
hen und Schafen. Nicht einen Muh machte die Kuh, auch
den Schafbock regte das nicht auf. Diese Liebe dauerte zwei
Jahre, zu groß war die Entfernung nach Jülich-Dauben-
rath. Es war schön, ein Mann zu werden.

Diese Jugendzeit in der Stadt war toll. Es galt, alles nach-
zuholen. Aids war damals noch kein Thema, so konnte
kreuz und quer gegrast werden. Die Mädels waren locker
vom Hocker und sehr willig, wahre Frauen eben. Wenn er
Zeit hatte, konnte er so viele schöne Dinge tun, aushelfen,
wenn Not am Mann war.

Die Frau des Fußballstars hatte es ihm angetan,
so oft war sie allein,
das schöne Fräulein.
Ein Star zu sein, ist nicht immer fein,
so kam er nach einem Ausschluss etwas früher heim.
Nun bot sich kein Weg mehr zur Türe hinaus.
Um aus der Gefahrenzone zu entschwinden,
musste er die Mauer überwinden,
musste raffen alle seine Sachen,
über das Fensterbrett und die Gartentür,
am Bein eine Beule,
entschwand er in Windeseile,
für eine Weile,
aber zu schön war die Verlockung,
sie abermals zu bocken.
Es zog ihn wieder an,
na wohin,
in die Gemäuer im Bahnhof Zoo.

Das gottesgläubige Mädchen

Kater ist ein ganz Zärtlicher, er tut keinem Mädchen was zuleide, bestimmt nicht. Auf seinen innerstädtischen Streifzügen lernte er eine schöne junge Frau kennen. Sie kam aus der Abendmesse, er sprach sie auf der Straße an und sie blieb stehen. Nun, alsbald tranken sie Kaffee, und als er sie tags darauf in einem stundenlangen Spaziergang über den Schlossberg trieb, um abends in seiner Wohnung gemeinsam ein wenig auszuruhen, widerfuhr ihm Sonderbares. Das sehr christlich erzogene Mädchen machte in mädchenhafter Laune klar, wenn es passiert, dann gibt es nur die Option der Heirat. Er willigte schmunzelnd in diesen Talk ein, er wusste schon zur Genüge, was in gewissen Stunden so alles versprochen wird. Nach so einem Versprecher war es noch niemandem im Nachhinein leid gewesen. Er versprach nichts wirklich Konkretes als nur das eine: dass er sie sehr mag und sehr gern habe - was soll man schon in zwei Tagen alles versprechen. Während des fortschreitenden Liebesgeplänkels, sie spielten wie Kinder, kam auch das Aids-Thema zur Sprache und er zeigte ihr auf Verlangen den Befund. »Nicht reaktiv«, stand darauf, was fürs Erste ja reichen sollte. Sie wollte den Abend ja nur mit Kuscheln verbringen. Unter der Decke taten sich dann doch alle menschlichen Erregungen auf. Ein wenig streicheln an den total nassen Lippchen war bald gewollt. Er wusste, wenn er streicheln durfte, dann würde sie bald streichelweich werden. So war es auch. Er durfte auf sie rauf und ein bisschen am Vorhof anstupsen. Das Stupsen und Nicht-Eindringen-Dürfen war eine echte Herausforderung für ihn. Nach vielen Minuten der Enthaltung drehte er sich weg. Er wusste, ein wenig Schlaf tut gut und in der Früh würde es dann wohl so weit sein. Am Morgen aber schrak er auf und traute seinen Augen nicht. Die gläubige Chrisis kniete im hellen Zimmer am Boden und betete zu Gott, zu Jesus. Nun aber wurde ihm mulmig und er bat sie, dass sie sich schleunigst beruhigen möge. Sie war völlig im Zweifel, ob sie nicht neben einem Satan geschlafen hatte. Es hatte sie so sehr beunruhigt, dass sie völlig außer sich war. Morgens hat er immer einen Prachtkerl, und als er mit diesem im Halbschlaf aus dem Bett wandelte, um sie zu beruhigen, geriet sie völlig in Panik. Sie raffte ein paar Kleider und Schuhe zusammen und öffnete beim Anblick des hochroten Teufels - erst jetzt ging ihr auf, was ihr nachts hätte drohen können - hastig und zappelnd die Tür und rannte halb nackt in den Hof. Sie lief im Dunkeln und bei eisiger Kälte aus seiner Wohnung. Er nahm ihre Sachen, ihre Hose, ihren Schal und ihr Handy und machte sich im Dunkeln auf die Suche nach ihr. Das Umhergehen in der Siedlung brachte keinen Erfolg, zu gut hatte sie sich versteckt, wie eine ängstliche Außerirdische. Daraufhin rief er die Polizei an, was er nun tun solle. Er musste berichten, dass eine Frau urplötzlich getürmt war und irgendwo friere und vielleicht in Not war. Der Polizist beruhigte ihn und meinte, dass er da nichts tun könne. Nach einer Stunde des Wartens kam dann die für ihn erlösende Nachricht von der Polizeistelle, dass die Frau »aufgegriffen« worden sei. Sie hatte bei einem Nachbarn angeläutet. Dieser Nachbar hatte sie zur Dienststelle gebracht. In Sorge, dass sie durch ihn bedroht und in Lebensgefahr sei, laufe doch bei Minusgraden keine Frau nackt aus dem Haus, wenn ihr nichts Schreckliches angetan werde. Die Nachbarn tuschelten, was da wohl vorgefallen sei und warum er nicht eingesperrt werde, dieser Unhold!

Er brachte ihre Sachen zur Polizeistelle und wurde von den Beamten zur Rede gestellt. Ein Kreuzverhör war das! Das Mädchen befand sich in einem anderen Zimmer, die Cops stellten die Fragen immer synchron. Bald aber stellte sich heraus, dass das Ganze ein peinliches Missgeschick war. Das Mädchen entschuldigte sich abermals ihres Verhaltens und weinte bitterlich. Halb nackt am Boden kauernd und zu Gott betend, saß sie auf dem Polizeirevier. Erst jetzt wurde ihr bewusst, was sie damit ausgelöst hatte. Sie wollte unbedingt noch wissen, was der Wortlaut »nicht reaktiv« bedeute und ob das wohl »gesund« sei, sie fürchte sich vor dem Satan. Der Polizeikommandant rief zu morgendlicher Stunde im Krankenhaus an und bat den Oberarzt um Aufklärung. Nach der sehr fachkundigen Auskunft beruhigte sich das Mädchen und bat abermals um Verzeihung. Es war ihm eine Ehre und es erfüllte ihn mit Stolz, diese Entschuldigung anzunehmen. Es tat ihm aber auch unendlich leid, dass ein so liebenswertes Mädchen, eine hübsche junge Frau vom Glauben komplett verwirrt und der Realität so fremd war. Die Cops gaben ihr noch die mitgebrachten Sachen, Hose, Pullover, Schal und Handy, zurück und überreichten ihm seine Unterhose, die sie sich in ihrer Eile und Panik übergezogen hatte.

Sie flüchtete sich wieder in die täglichen Kirchgänge, um dort ihren Halt zu finden. Schade um diese junge Frau. Gott, und niemand anderes, beschütze sie und führe sie wieder zurück zu allen Katern.

Black Beauty

Sie saß an der Bar, ein Lächeln auf ihrem Gesicht, ein bisschen Traurigkeit in ihren Augen, aber sie gab sich lustig. Sie hatte bald Vertrauen geschöpft, sie tauschten Telefonnummern, sie trafen sich nach zwei Tagen wieder. Sie trug ein wunderschönes Seidenkleidchen und sie war hübsch: ihre dunklen langen Beine, ihre schmalen Hände, ihre langen Finger, weiße, schöne Zähne, zarte Lippen, ungewöhnlich für eine Afrikanerin. Sie hob ihr Kleidchen, hervor schimmerten blaue Flecken, auf dunkler Haut kaum erkennbar. Sie war vor Tagen wieder einmal geschlagen worden. Ich bin ja selbst schuld, ich wollte mit ihm hierher kommen, ich ging freiwillig mit ihm mit, sinnierte sie vor sich hin. In Afrika schlief ich auf dem Erdboden, hier habe ich ein Bett, nicht nur das, ich wohne in einem Haus. Als »Negerin« muss ich alles machen, was er von mir verlangt, sagt er immer wieder, auch seine Freunde sagen das so, welche er immer im Suff mit nach Hause bringt, damit sie mich zu viert oder zu fünft rannehmen können. Diese Negerin - fürs Essen und Schlafen musste sie herhalten. Sie flehte ihn an, sie mitzunehmen. Er schmiedete gemeinsam mit ihr einen Plan, wie er sie da rausbringen könnte, ihr helfen könnte. Er schlug ihr vor, bei ihm einzuziehen. Sie nahm das Angebot an. Als ihr Peiniger wieder einmal auf einer Zechtour unterwegs war, fuhr er nachts zu ihrem Haus und nahm sie mit all ihren Sachen mit. Sie besaß nur Kleider und Schuhe, wenig Geschirr und ein paar andere

Utensilien. Sie fand es schön bei ihm. Er wies ihr ein Zimmer zu, doch sie wollte in das andere, mit Zugang zum Balkon, in seines. Er räumte seine Sachen um. Sie verstanden sich gut, sie gingen gemeinsam weg. Es fiel ihm auf, dass viele Menschen sich nach ihr umdrehten, sie begafften. Schön war sie, einen graziösen Gang, einen echt steilen Po, eine schmale Taille hatte sie. Sie trug High Heels. Doch auch die Landeshauptstadt war Provinz genug, viele glaubten, er habe sie gekauft - wie hoch war der Preis?, fragten sie. In Lokalen, an der Bar wisperte man ihm ins Ohr. Sie verließen diese Bars. Die Frauen wandten sich ab, sie erwiderten seine Blicke nicht. So einer, der eine Negerin mitschleppt, wird nicht ganz dicht sein. Der kommt wohl bei uns Frauen nicht an, sonst hätte er sich keine Negerin gekauft. Elisabeth weinte, er tröstete sie, sie werden das schon einmal akzeptieren. Viele Nachbarn grüßten nicht mehr, auch ihn nicht. Sie bemühte sich um eine Arbeitsstelle. Sie bekam eine, wo sie eine Zeit lang glücklich war. Bei ihren Bewerbungsgesprächen vergriffen sich einige vermeintlich zukünftigen Bosse an ihren Oberschenkeln. Sie erzählte ihm alles, auch ihre Gefühle, sie schliefen alsbald miteinander. Es war so vieles anders: die Kontraste, dunkel die Haut, violett schimmernd die Lippchen, aufgeklappt, zartrosa, beschnitten. Sie erfasste ihn ganz, um vieles fester, es tat ihm wohl. Sie bat ihn, sie zu heiraten. Er lehnte ab, wollte nicht total von den Leuten ausgestoßen werden - typisch männlich, sehr feige und eigennützig. Sie bat ihn um Geld, als ihre Mutter in Afrika erkrankte. Er gab es ihr. Sie wollte mit Sex bezahlen, er schlug ihr das aus, sie musste es Monat für Monat abstottern. Sie erfuhr, dass Männer auch anders handeln können, als sie es gewöhnt war. Sie war in dieser Hinsicht viel gewöhnt, ihr blieb nichts erspart, hier in Europa. Sie zog in eine eigene Wohnung, doch sie schaffte es nicht allein. Nach zwei Jahren sah er sie wieder mit ihrem ehemaligen Peiniger, seinem ehemaligen Arbeitskollegen. Er war jetzt besorgter um sie, so schien es. Es saß ihm nun die Bekanntheit im Nacken.

Die Wohngemeinschaft

Eine gemischte Wohngemeinschaft mit hübschen Studentinnen, inmitten einer sehr bürgerlichen Siedlungsgemein-
schaft hat so ihre Eigenheiten und vor allem ein reges In-
nenleben. Eine derartige Wohngemeinschaft ist umliegen-
den Familien nicht ganz geheuer, umso weniger, wenn ein
Mann mit Studentinnen, sie alle um vieles jünger als er,
zusammenlebt. Die Herren in der Siedlung störte das nicht
so sehr wie die Damen, alle meist Mütter, die störte es umso mehr. Oft saß im Sommer ein ganzer Schwarm Studentinnen auf dem großen Balkon und sie ließen sich die
nackten Brüste von den Sonnenstrahlen küssen. Der Nachbar las mehrmals am Tag auf seinem Balkon die Zeitung,
jüngst auch Bücher, was zuvor nie bemerkt worden war.
Nun aber, der Nachbar liest. Ihm wurde manchmal ganz
heiß, nicht nur der Temperaturen wegen, auch wegen der
angenehmen Gerüche und Düfte, welche sie, diese zarten
Gören, aus dem Bad kommend verbreiteten.

Alexis war ein hübsches Mädchen, ein wenig unscheinbar
vielleicht. Sie verbarg ihre Gedanken. Eine angehende Psy-
chologin lässt sich nicht so leicht in die Karten schauen.
Auch ihre Schwester wohnte einmal zwei Wochen dort. Ein
Prachtweib: lange Beine, noch so jung und schon so ein
mächtiges Becken, vier Finger breit ihre Spur. Was wird
aus ihr wohl einmal werden? Eine weibliche Übermacht.
Alexis blieb Kater so sehr in Erinnerung, dass er sie auch
danach noch heimlich begehrte. Auf Alexis folgte Dorid,
eine junge Waagedame. Sie hatte in ihrer Jugendzeit
Schreckliches erlebt und konnte sich den Männern nicht
mehr anvertrauen. Zweimal vergewaltigt zu werden muss
für ein Mädchen ein Horror sein. Sie sprach oft mit gebro-
chener Stimme. Nach einer Weile, als ihr Vertrauen gewachsen war, erzählte sie mehr, lachte sogar und schmieg-
te sich an ihn. Ihm wurde heiß und er wusste nicht, was er
nun tun sollte. Es tat beiden gut, sich so aneinander-
zukuscheln und es wurde beiden warm ums Herz.

Als sie wieder einmal eines Abends so in glücklicher
Freundschaft zum Fernsehen beisammensaßen, schaltete

Dorid von einer Sekunde auf die andere das Fernsehen aus und stellte ihn zur Rede. Sie fragte harsch und unverblümt: »Warum vergewaltigen Männer Frauen?« Er konnte ihr diese Frage nicht wirklich beantworten. Er erzählte ihr von Grenzgefühlen, die ein Mann in gewissen Situationen haben könne und über die man nur selten spreche. Sex sei eine Gradwanderung zwischen hart und herzlich. Oft komme durch die von unersättlichen Frauen geforderte Härte tierische Lust auf, ein so forderndes Weib ordentlich zu begatten. Zu dieser strengen Lust komme ein Gefühl der Macht hinzu und steigere sich in lustvolle Rage. Er erzählte ihr, dass eine seiner Frauen, die er nach dem Film »In the Realm of the Senses (Im Reich der Sinne)« genommen hatte, eine Professorin, ein Steinbockweib, ihn in ihrer höchsten Erregung bat, sie zu würgen. Sie zitterte am ganzen Körper. »Bring mich um«, stotterte sie, sie wollte das schöne Gefühl für immer mitnehmen. So eine Grenze sei für einen Mann sehr lustvoll, erklärte er ihr. Gott war aber bei ihm. Später, wieder bei klarem Kopf, wenn es nicht das mächtige Weib getroffen hatte, sondern ein zartes Mädchen, und wenn durch die Praktiken vielleicht das Mädchen Schaden erlitten hat, könne es in Panik zum Vertuschen der Tat kommen, dem Wegschaffen des Mädchens. Auslöser für Vergewaltigungen könne auch Hass aus Enttäuschung sein, die die Männer erlebt hatten. Vergewaltigungen könnten auch aus einer ungewollten Tat entstehen. Sexuelle Zügellosigkeit in einer gewissen Situation des Rausches könne zum gewaltsamen Einführen des Penis führen, oder das lustvolle Vernaschenwollen eines jüngeren Mädchens könne auch aus den Fugen geraten und in einer Vergewaltigung münden. Es gebe viele Ursachen für eine solche Tat.

Sie redeten und redeten. Dorid bekam durch die Offenheit sehr großes Vertrauen zu ihm und setzte sich im Moment einer Unachtsamkeit auf seinen Schoß und umarmte ihn, dass ihm die Luft wegblieb. Ein wunderschöner Moment, ein Geheul der Gefühle. Sie drückte sich an ihn und wollte, dass sie schlafen gingen. Sie legten sich ins Bett und umarmten sich weiter und vertieften ihr Vertrauen mit mehr und mehr nackter Haut. Sie zog ihre Kleider aus, löste ihm alle Kleider vom Leib und drückte ihn wieder an sich. Sie öffnete langsam ihre Beine. Jetzt spürte er ihren Wunsch und setzte ihn an. In seiner höchsten Erregung stupste er an und in diesem Moment zuckte sie zusammen, verkrampfte ihren ganzen Körper und weinte. Sie schrie auf und drehte sich zur Seite. An diesem Abend war das Gespräch hierüber zu Ende. In den nächsten Tagen ließ er sie in Ruhe. Nach einiger Zeit fragte er sie, ob sie über diese Dinge reden wolle, die sie belasteten, die ihr Angst machten. Sie erzählte ihm, dass sie einen Mann finden wolle, der ihr dabei helfe, wieder Sex zu haben, aber sie wolle sich nicht dafür schämen müssen, dass sie Probleme mit dem Moment des Eindringens habe. Er gewann wieder ihr Vertrauen und schlug ihr einen Weg vor, der es ihr ermöglichen sollte, diese Angst zu überwinden. Sie sollte sich einfach ins Bett legen und üben, an die Sache herangehen wie in einer Therapie: bei hellem Raum, den Körper ertasten und ansehen, alles irgendwie mechanisch abhandeln, aber voller Liebe. Dies gab ihnen die Möglichkeit, ihr Vertrauen ineinander weiter zu vertiefen, und sie knuddelten fast jeden Tag mehrere Stunden herum. Die Situation des Eindringens blieb aber immer noch die Hürde, die es zu überwinden galt. Er ließ sie an sich gewähren. Sie legte sich vorsichtig auf ihn und schob ihr Becken immer weiter zu seinem Glied. Als ihre Lippen dort anstießen, zuckte sie wieder zusammen. Er ermutigte sie weiterzumachen, sie drückte fester und fester bis ihre Läppchen den Seinigen umschlangen. Nun spürte er erstmals, wie nass sie war. Sie drückte weiter, zog sich zusammen, drückte weiter. Ihm war zum Stich zumute, so gierig war sein Verlangen. Sollte er sie hinaufdrücken, oder nicht? Er ließ sie weiter gewähren, und sie bastelte mit großer Hingabe an ihrem Glück, drückte weiter und weiter, schob ihr Becken hin und her und brachte sich in immer günstigere Positionen. Stück für Stück schob sie ihr Becken tiefer, bald hatte sie die Eichel verschlungen, ihr Becken zitterte, sie war nun willens, es zu Ende zu bringen. Mit einem mächtigen Ruck und einem Urschrei drückte er sie in seiner allerhöchsten Erregung und in völliger Rücksichtslosigkeit bis ans Ende seines Schaftes und hielt sie mit all seiner Kraft fest. Sein Saft schoss in ihre Höhle, völlig egal, was ihr nun passieren mochte. Sie schrie auf, sackte auf seinem Körper zusammen und weinte vor sich hin. Sie schluchzte ein »Danke« und drückte ihn an sich. Nach einer Stunde der Umklammerung ließ sie los und schlief ein. Sie schlief zwölf Stunden. Als sie aufwachte, bestieg er sie in männlicher Arroganz, um ihr die letzte Angst zu nehmen. Er zog ihre Beine auseinander und drang sanft, aber sehr bestimmt in sie ein. Dieser Augenblick war für beide erlösend. Er fickte sie, wie er es gewohnt war, eine Frau zu nehmen. Sie war nun schon ein kleines Tier geworden, sie war wieder eine Frau geworden. Sie genoss und stemmte sich lustvoll seinem Drücken entgegen. Er setzte ihren Anforderungen entsprechend nach und nahm sie in lustvoller Härte ran. Immer fester und immer bestimmter erfüllte beide die Lust, bis sie sich nach hinten durchstreckte und losließ, sie ließ alles los, ihr schoss es aus der Vulva, als hätte sie sich in Wasser aufgelöst. Das war ihre Erlösung, sie war ihrer Lust und allen Männern wieder zurückgegeben worden. Sie probierte nun auch andere Männer aus, was ihm sehr missfiel. Er war eifersüchtig, hatte er sie doch durch dieses Erlebnis sehr ins Herz geschlossen. Nach einigen nächtlichen Ausflügen kam sie voller Reue zu ihm zurück, so dankbar war sie.

Eines Tages kam Andre zur WG hinzu, eine Stierfrau, eine sehr liebe Venusfrau. Sie war bildhübsch und sehr sexy. Das missfiel Dorid sehr. Andre war mit ihrer Mutter gekommen und die meinte zu ihr: »Hier bleibst du, Andre, hier bist du gut aufgehoben.« Sie hatte volles Vertrauen zu der WG, war doch noch ein Mädchen in der Wohnung, und der elegante Herr strahlte Sicherheit aus. Sie hatte die Vielfalt des Stadtlebens nicht richtig erkannt.

Andre war nicht die Kleine aus der Provinz, sondern entpuppte sich bald als eigenständiges Mädchen mit klaren Vorstellungen. Sie hüllte sich abends nie in lumpige Kleidung, sie war beim Fernsehen aufgestylter, als wenn sie zur Uni ging. Eines Morgens saß sie in einem komplett durchsichtigen seidenen Morgenkleid bei Tisch und klagte über Schmerzen im Knie. Sie bat Kater, die beiden Knie zu vergleichen und fragte ihn vertrauensvoll, ob denn ein Knie geschwollen sei. Es war aber nicht viel zu sehen, nichts wirklich Auffälliges an den Knien. Sie führte seine Hand an eine Stelle, wo es ihr wehzutun schien, und er tastete nach einer Schwellung oder einem Knötchen. In diesem Moment schlug sie ihre Beine ein wenig weiter auseinander. Durch das sehr durchsichtige Seidengewand war die ganze Pracht ihres Schoßes zu sehen - ein Urwald tat sich da auf. Ihm schoss die Röte ins Gesicht, ihre Brüste leuchteten ihm direkt ins Gesicht. Sie fragte ihn mit einem verschmitzten Lächeln, ob er noch immer nichts spüre und warum ihm sein Gesicht so rot angelaufen sei und ob dieser Blutstau nicht woanders hilfreicher wäre. Ihn überkamen Zorn und teuflische Lust, sie auf den Tisch zu knallen und durch-zuziehen - diese Göre, dieses Luder, dieses Miststück, die-ses ... Ihm zitterten die Knie, seine Hände schwitzten, sei-ne Stimme klang rau. Er fürchtete, von ihr auf die Probe gestellt zu werden. Er konnte nicht glauben, dass ihm der Himmel dieses schöne, graziöse Mädchen geschickt hatte. Andre fuhr unbeirrt fort, ihm ihre Zuneigung zu zeigen. Er konnte ihre Gefühle nicht einschätzen. Er und Dorid schlie-fen oft miteinander, und Andre musste alles Schreien und Stöhnen mit anhören. Dorid ließ sich beim Fernsehen mas-sieren, Andre musste zusehen. Sie war dadurch völlig ver-stört, so gerne hätte auch sie Zuneigung und Liebe gespürt. Kater ahnte nichts davon.

Eines Tages klopfte Andre völlig überraschend an seine Schlafzimmertür und bat ihn, sie zur Uni zu fahren, weil sie verschlafen und den Bus versäumt habe. Er erwiderte ihr aus dem Schlafzimmer, dass er mit Dorid Sex habe, sie solle eben schnell laufen. Dorid und er hörten noch Schrit-te, die Tür fiel ins Schloss und weg war sie. Doch auf ein-mal hörten sie ein Knarren der Tür und im Nu stand Andre neben ihrem Bett. Dorid zog Kater an sich heran und fuhr Andre wütend an. Er fasste sich ein Herz, stieg von Dorid, zog sich an und fuhr sie zur Uni. Andre zog eine bittere Miene. Doch er wusste nicht, welches Leid dieser lie-bebedürftigen Venusfrau widerfahren war. Erst im Nachhinein wurde es ihm klar und er hätte sie gern wiedergesehen und ihr alles erklärt. Sie aber hatte alle Verbindungen abgebrochen und war nach einem Tobsuchtsanfall ihres Vaters, der erstmals von dem »erfahrenen Mann« erfahren hatte, ausgezogen. Auch die Verbindung mit Dorid ging zu Ende. Sie nahm sich einen anderen Freund. Es war ihr Professor, welcher sie nach einigen Ficks hängen ließ.

Die Klavierspielerin

Wen stammt aus Taiwan, sie ist ein zartes Mädchen. Er hatte sie und ihre Freundin Yi in einer Bar kennengelernt, zwei schlecht Deutsch sprechende asiatische Frauen. Wen war erst kurz im Lande. Er scherzte mit ihr an der Bar herum und fragte sie geradeheraus, ob sie nicht mit zu ihm nach Hause kommen wolle. Sie beide, diese lieben Mädchen, steckten beratend ihre Köpfe zusammen und kicherten in sich hinein, wie man es bei Asiatinnen in Filmen sehen kann. Kein Wort hatte er verstanden. Der Abend war anstrengend, er selbst fing an, gebrochenes Deutsch zu sprechen, verstanden sie beide doch nur einfache Sätze und Wörter. Er gab beiden seine Telefonnummer und ging nach Hause. Auf dem Weg klingelte das Telefon und Wen fragte, ob er sie nicht abholen möge, so gerne wolle sie sehen, wo und wie er wohne. Er nahm sich ein Taxi, um keine Zeit zu verlieren, und holte sie vom »Schiller« ab. Sie fuhren zu ihm und tasteten sich mit Worten und Blicken aneinander heran. Erfahrung mit einer Asiatin hatte er bislang nicht, sehr groß war daher die Erwartung. Sie kuschelten sich zusammen und schon war der richtige Schritt getan. Europäische Männer sind für zarte Asiatinnen eigentlich zu groß gebaut, die haben Mühe, so große Dinger ganz gewähren zu lassen. Gesund kann so eine Differenz nun wirklich nicht sein. Die Art, wie sie sich hingab, war eine Erfahrung, die er bislang nicht gemacht hatte. Eine sensible Art der Liebe war ihm gegeben worden - in einer einzigen Nacht so viel Gefühl, so überzeugend, es war ein wunderbares Geschenk. Sie versuchten sich in mehreren Stellungen, bei der er sie ganz, ohne ihr wehzutun, genießen konnte. Die Griechische hielt diesen Belastungen stand, in sanften Schüben war ihr auch die vollkommene Aufnahme in ihre Vulva möglich, aber nur ganz sanft eben. Immer wieder drang er ihr, für ihn ein Genuss, ins zweite Tor ein. Sie spürte die Blutschübe in seinen Adern. Diese Zuckungen versetzten sie völlig in Erregung. Sie schrie sich dabei die Seele heraus, bohrte ihre Krallen in seinen Rücken und in seine Pobacken. Als sie sich in die Reitposition schwang, drückte sie sich bis zum Erträglichen auf ihn drauf, schluckte, als ob ihr etwas im Hals stecke. Sie genoss es in vollen Zügen und quälte sich selbst, sein Stück zu spüren, bäumte sich nach ihren Höhepunkten immer wieder auf und sank abermals zusammen. Sie konnte nicht genug bekommen, diese zarte Asia-Frau.

Eines Tages brachte sie zu einem Treffen ihre Freundin Yi mit. Sie waren irgendwie lieb zueinander und machten sich ständig an. Alle drei fuhren sie ins »Bang«, ein etwas anderes Lokal, wo man auch bei gleichgeschlechtlicher Anmache akzeptiert wurde. Wen kümmerte sich um Yi besonders süß, was Kater in seinen Plänen und Hirngespinsten sehr gefiel. Von der Musik heiß, aufgeladen und willig, es zu tun, fuhren alle drei zu ihm nach Hause. Die beiden Mädchen duschten gemeinsam über eine Stunde lang, er aber durfte nicht ins Bad. Wie ein hechelnder Hund stand er immer wieder vor der Tür. Sie kicherten herum, er hörte »mh, ah, au«, sie tätschelten sich ihre nassen Körper ab - wo und wie fassten sie sich an ...? Für Kater waren dies schier unerträgliche Minuten. Als sie endlich aus dem Bad kamen, legten sie sich gemeinsam ins andere Zimmer. Er traute sich nicht, dorthin zu folgen. Er merkte, dass er Wen ein wenig liebte, er wollte sie nicht enttäuschen. Sie kicherten im Zimmer weiter. Er konnte nun vor Erregung nicht einschlafen. Nach einiger Zeit kam Wen zu ihm ins Bett, ließ ihn aber nicht an sich heran, vielleicht in der Absicht, dass er nun vor lauter Geilheit zu Yi wandeln würde. Das tat er aber nicht. Sie schliefen schließlich völlig erschöpft ein. Am nächsten Morgen beim Frühstück fragte er Yi, als sie gerade allein waren, ob sie gut geschlafen habe. Da antwortete sie harsch: »Wie sollte ich das können, lag ich doch allein im Bett, du Arsch, du.« Sie war sehr sauer auf ihn, er auch auf sich selbst. Da hatten diese Girls alles untereinander abgesprochen, freizügige Asiatinnen eben. Er versuchte, bei Yi eine weitere Gelegenheit zu finden, sie zu nehmen, bekam aber nicht mehr die geringste Chance. Jede weitere Anmache erzählte sie Wen.

Wen kam nach einem Jahr wieder zu ihm zurück, zu sehr war sie auf die »großen« Europäer fixiert. Sie hatte in der Zwischenzeit mit einem Araber minutenlangen Sex geübt, war aber sehr froh, dass sie ihren Kater wieder hatte, ihn wieder stundenlang spüren durfte, war er doch um vieles ausdauernder als der Durchschnitt, so ihre Erfahrungen. Sie gingen oft gemeinsam in Lokale essen oder in der Stadt spazieren. Wen wollte immer die Rechnung zahlen, er gab ihr das Geld zu Hause zurück. Warum glauben hier alle, dass ich gekauft worden bin, fragte sie ihn einmal ganz forsch. Das ist hier so, mach dir nichts daraus. Du bist in diesem Land, hier kauft man, was man anders rum nicht haben kann. Jetzt aber glauben sie, du hast mich gekauft. Sie lachte: »Wie viel Geld du kosten? Ich verlangen heute Nacht viel von dir ...« Heute gehen sich Wen und Yi aus dem Weg. Das ist sehr schade - wegen eines Mannes muss das nicht sein.

Zu Kater suchen viele Menschen Kontakt, einige kommen im Auftrag. Er hat natürliche Intuition, er durchschaut vieles. Wenn Kätzchen ihm den Rücken zeigt, wird er freudig zum Kater.

Manche sind einfache Denker, für kleine Aufgaben ist das durchaus ein Vorteil.

Was denken und fühlen Sie jetzt? Ohnmacht oder Freude?

Engelbert Weißenbacher

Meine E-Mail:
eweissenbacher@aon.at
engelbert.weissenbacher@aon.at

Meine Homepage:
www.members.aon.at/weissenbacher
Auf meiner Homepage unter LINK finden Sie alle Dateien
zum kostenlosen Downloaden,
z. B. die Datei: WEBERICHT-EU.xls und andere.

ANHANG

Standardisiertes Berichtswesen und Controlling-Tool.
Diese Layouts sind eine Idee für ein standardisiertes Berichtswesen in mehrjähriger Darstellung der Daten für Unternehmen, Banken und andere. Die direkte Geldflussrechnung mit Bankanfangs- und Bankendbeständen und Finanzmaßnahmen sowie eine einfache Unternehmensbewertung (im Original-Tool) runden den Bericht ab.

Was ist NEU an dieser Berichtform?

Dieser Unternehmensdatenentwicklungsbericht bietet Unternehmen einen strukturierten Mehrjahresvergleich der Vergangenheitsdaten, aktuelle Jahres-, Quartals- und/oder Monatsbudgets, aktuelle Ist-Jahresdaten laut gebuchter Finanzbuchhaltung ohne Abgrenzungen. Darüber hinaus Abgrenzungen zum aktuellen Stichtag, sodann bereinigtes und berichtigtes Ist-Jahr. Forecast Year End und Budget der nächsten zwei Jahre. Am Jahresende, beim fertig bilanzierten Abschluss, werden die Daten der Finanzbuchhaltung Saldenliste in die Spalte »aktuelles Ist-Jahr« eingelesen. Die Abgrenzungsspalte dient als Änderungsausweis (Mehr-/Weniger-Rechnung) für die Steuerbilanz. Die Forecast-Spalte kann folglich umbenannt werden und für Sonderbilanzen (Sanierungsbilanz) dienen.
Wichtig an diesem Bericht sind die Überleitungen, in denen die operativen Ergebnisse, das bereinigte Vermögen und die tatsächlichen Schulden ausgewiesen werden. Der Bericht soll auch als Budgetierungs- und Controlling-Tool eine bessere Steuerung eines Unternehmens ermöglichen, damit wird dieser Bericht den Anforderungen von Basel II hinsichtlich des Berichtswesens gerecht. Zudem fordert dieser Bericht ein bestens organisiertes Betriebsdatenmanagement.
Im Berichtslayout wurde besonders auf die strukturierte Lesefolge geachtet – von links nach rechts – sodann die Vergangenheitsdaten und das daraus abgeleitete Jahresbudget links des Textes, rechts davon das aktuelle Budget des Stichtages, die Gegenwart, die Jahresvorschau und die Zukunft. Da der Bericht in Excel erstellt ist, kann er im Inhalt leicht den Erfordernissen jedes Unternehmens angepasst werden.
Aufgrund oft rascher Änderungswünsche der externen und internen Adressaten – aus welchem Grunde auch immer – sind einfache Excel-Tabellen für ein Berichtswesen sehr praktikabel.
Dieses strukturierte Berichtswesen sollte zum Standard von börsenotierten und kreditfinanzierten Unternehmen erhoben werden.

Die in diesem Internetangebot (Werk) veröffentlichten Beiträge und die mitgesendeten Dateien sind urheberrechtlich und markenschutzrechtlich geschützt (MU 14/2003, 52888). Alle Rechte bleiben vorbehalten. Kein Teil dieses Werkes darf ohne schriftliche Genehmigung oder Einwilligung des Verfassers in irgendeiner Form reproduziert oder unter Verwendung elektronischer Systeme verarbeitet, vervielfältigt oder verbreitet werden.

3. QUARTALSBERICHT 2007 F I R M A

F I R M A — BILANZ per 30.09.2007 Wien am: 23.9.07 17:21

	E - Bilanz 01. Jan 04	JAHRESWERTE IST 31. Dez 04	IST 31. Dez 05	IST 31. Dez 06	BUDGET 31. Dez 07	GESCHÄFTSJAHR KUMULIERT Q-BUDGET 30. Sep 07	BUDGET 30. Sep 07	IST-FIBU 30. Sep 07	Abgrenzung 30. Sep 07	IST 30. Sep 07	VORSCHAU Vorschau 31. Dez 07	BUDGET 31. Dez 08	BUDGET 31. Dez 09	Abweichung IST Vorjahr	Bewegung ab Jahresbeginn Mittelzufluss. Mittelabfluss
A K T I V A															
A. ANLAGEVERMÖGEN															
Aufwendungen für das Ingangsetzen und Erweitern eines Betriebes															
I. IMMATERIELLE VERMÖGENSGEGENSTÄNDE															
1. Konzessionen, gewerbliche Schutzrechte und ähnliche Rechte und Werte															
2. Geschäfts(Firmen)wert															
3. geleistete Anzahlungen															
II. SACHANLAGEN															
1. Grundstücke, grundstücksgleiche Rechte und Bauten, Bauten auf fremdem Grund															
2. technische Anlagen und Maschinen															
3. andere Anlagen, Betriebs- und Geschäftsausstattung															
4. geleistete Anzahlungen und Anlagen in Bau															
III. FINANZANLAGEN															
1. Anteile an verbundenen Unternehmen															
2. Ausleihungen an verbundene Unternehmen															
3. Beteiligungen															
4. Ausleihungen an Unternehmen, mit denen ein Beteiligungsverhältnis besteht															
5. Wertpapiere (Wertrechte) des Anlagevermögens															
6. sonstige Ausleihungen															
B. UMLAUFVERMÖGEN															
I. VORRÄTE															
1. Roh-, Hilfs- und Betriebsstoffe															
2. unfertige Erzeugnisse															
3. fertige Erzeugnisse und Waren															
4. noch nicht abrechenbare Leistungen															
5. geleistete Anzahlungen															
II. FORDERUNGEN UND SONSTIGE VERMÖGENSGEGENSTÄNDE															
1. Forderungen aus Lieferungen und Leistungen															
2. Forderungen gegenüber verbundenen Unternehmen															
3. Forderungen gegenüber Unternehmen, mit d. e. Beteiligungsverhältnis besteht															
4. sonstige Forderungen und Vermögensgegenstände															
III. WERTPAPIERE UND ANTEILE															
1. Anteile an verbundenen Unternehmen															
2. Eigene Anteile															
3. sonstige Wertpapiere und Anteile															
IV. KASSENBESTAND, SCHECKS, GUTHABEN BEI KREDITINSTITUTEN															
C. RECHNUNGSABGRENZUNGSPOSTEN															
P A S S I V A															
A. EIGENKAPITAL															
I. NENNKAPITAL, Gezeichnetes Kapital (GRUND-, STAMMKAPITAL)															
davon nicht eingefordert															
II. KAPITALRÜCKLAGEN															
1. gebundene															
2. nicht gebundene															
III. GEWINNRÜCKLAGEN															
1. gesetzliche Rücklage															
2. Rücklage für eigene Anteile															
3. satzungsmäßige Rücklagen															
4. andere Rücklagen (freie Rücklagen)															
IV. BILANZGEWINN / BILANZVERLUST															
davon Gewinnvortrag / Verlustvortrag															
B. UNVERSTEUERTE RÜCKLAGEN															
1. Bewertungsreserve auf Grund von Sonderabschreibungen															
2. Sonstige unversteuerte Rücklagen															
C. FREMDKAPITAL															
RÜCKSTELLUNGEN															
1. Rückstellungen für Abfertigungen															
2. Rückstellungen für Pensionen															
3. Steuerrückstellungen															
4. sonstige Rückstellungen															
D. VERBINDLICHKEITEN															
1. Anleihen, davon konvertibel															
2. Verbindlichkeiten gegenüber Kreditinstituten															
3. erhaltene Anzahlungen auf Bestellungen															
4. Verbindlichkeiten aus Lieferungen u.Leistungen															
5. Verbindlichkeiten a. d. Annahme gezog. Wechsel u. d. Ausstellung eig. Wechsel															
6. Verbindlichkeiten gegenüber verbundenen Unternehmen															
7. Verbindlichkeiten gegenüber Unternehmen, m. d. e. Beteiligungsverhältnis besteht															
8. sonstige Verbindlichkeiten															
davon aus Steuern															
davon im Rahmen der sozialen Sicherheit															

3. QUARTALSBERICHT 2007 = I R M A

Graz am 23.9.07 17:24

	JAHRESWERTE				F I R M A ÜBERLEITUNGEN per 30.09.2007		GESCHÄFTSJAHR KUMULIERT				VORSCHAU		
	IST 31. Dez 04	IST 31. Dez 05	IST 31. Dez 06	BUDGET 31. Dez 07			Q-BUDGET 30. Sep 07	IST-FIBU 30. Sep 07	Abgrenzung 30. Sep 07	IST 30. Sep 07	Vorschau 31. Dez 07	BUDGET 31. Dez 08	BUDGET 31. Dez 09
					9								
1					Umsatzerlöse								
2					(+/-) Bestandsveränderung								
3					(+) aktivierte Eigenleistungen								
4					(+) sonstige betriebliche Erträge								
5					(=) Zwischensumme (vor Mat-&Personalaufwand)								
6					(-) Erträge aus Verkauf SAV u. IV								
7					(-) periodenfremde Erträge								
8					(-) Erträge aus d. Auflösung v. RST u. Pauschal-WB								
9					(-) Förderungen								
10					(-) übrige nicht operative Erträge								
11					(=) operative BETRIEBSLEISTUNG								
					Zum operativen ERGEBNIS								
					Betriebserfolg(Zwischensumme 1-7 lt.G&V)								
12					(-) Erträge aus Verkauf SAV & IV								
13					(-) periodenfremde Erträge								
14					(-) Erträge aus d. Auflösung v. RST u. Pauschal-WB								
15					(-) Förderungen								
16					(-) übrige nicht operative Erträge								
17					(+) sonstige nicht operative Aufwendungen								
18					(+) Teilwertabschreibungen								
19					(+) Zinserträge								
20					(-) Zinsaufwendungen								
21					(-) Zinsaufwendungen								
22					(=) OPERATIVES ERGEBNIS								
					Zum Rohertrag								
23					Betriebsleistung								
24					(-) Material und Fremdleistungen								
25					(=) ROHERTRAG								
26					Zinsen und ähnliche Aufwendungen								
27					Zinsaufwendungen aus Leasinggeschäften								
28					(=) korrigierte Fremdkapitalzinsen								
29					Leasingaufwendungen / Jahr								
					Korrigierte Eigenkapital								
30					Nennkapital								
31					(+) Gewinn und Kapitalrücklagen								
32					(+) Unterlassene Zuschreibungen								
33					(+) sonstige unversteuerte Rücklagen 80%)								
34					(+) Stille Reserven des Anlage- und Umlaufvermögens								
35					(+) Bewertungsreserve aus Sonderabschreibungen								
36					(+/-) Sonstiges								
37					(=) Korrigiertes Eigenkapital								
					Korrigiertes Fremdkapital								
38					langfristiges Fremdkapital								
39					kurzfristiges Fremdkapital								
40					(+) Summe der verbleibenden Leasingverpflichtungen								
41					(+/-) Sonstiges								
42					(=) Korrigiertes Fremdkapital								
43					(=) Korrigiertes Gesamtkapital								

3. QUARTALSBERICHT 2007 F I R M A

Wien am: 23.9.07 17:22

JAHRESWERTE				F I R M A — PERSONAL, LEISTUNGSSTUNDEN, TECHNIK per 30.09.2007		GESCHÄFTSJAHR KUMULIERT					VORSCHAU	
IST 31. Dez 04	IST 31. Dez 05	IST 31. Dez 06	BUDGET 31. Dez 07			Q-BUDGET 30. Sep 07	IST-FIBU 30. Sep 07	Abgrenzung 30. Sep 07	IST 30. Sep 07	Vorschau 31. Dez 07	BUDGET 31. Dez 08	BUDGET 31. Dez 09
				Fremdpersonalkosten	1							
				Fremdpersonal	2							
				Angestellte (gewogenes Mittel)	3							
				Angestellte (Kopfzahl korrigiert Beschäftigte)	4							
				Summe korrigiertes Eigenpersonal; davon	5							
				Kontrollsumme	6							
				Verwaltung	7							
				Vertrieb	8							
				Fertigung/Dienststelle 1	9							
				Fertigung/Dienststelle 2	10							
				Fertigung/Dienststelle 3	11							
				Fertigung/Dienststelle 4	12							
				Fertigung/Dienststelle 5	13							
				Sonstige	14							
				davon produktiv	15							
				davon inproduktiv	16							
				Summe	17							
				Normalstunden (Soll-Arbeitszeit)	18							
				Überstunden	19							
				Summe (Soll) Leistungsstunden; davon	20							
				Kontrollsumme	21							
				Leistungsstunden in der Vorprojektsphase	22							
				Fertigung	23							
				Privatkundenaufträge (Projekte)	24							
				aktivierbare Eigenleistungen (ins AV)	25							
				innerbetriebliche Regiearbeiten	26							
				Sonstige (inklusive Fehlstunden)	27							
				abzüglich Fehlstunden; davon	28							
				Urlaub	29							
				Krankheit und Unfall	30							
				sonstige Nichtleistungsstunden (1)	31							
				(=) tatsächliche Leistungsstunden	32							
				davon an Kunden verrechnet	33							
				Technische Leistungsgrößen	34							
				in Gewicht verarbeitetes Rohmaterial	35							
				in Fläche verarbeitetes Rohmaterial	36							
				in Stück verarbeitete zugekaufte Handelswaren & Geräte	37							
				in Länge verarbeitete Rohmaterialien & Handelswaren	38							
				in Raummaß erstelle Anlagen, Bauten & Güter	39							
				in Stück erstelle Anlagen, Bauten & Güter	40							
				in Raummaß verkaufte Anlagen, Bauten & Güter	41							
				in Stück verkaufte Anlagen, Bauten & Güter	42							
				durchschnittlich in Raummaß per Stück erstellte Aggregate	43							
				durchschnittlich in Raummaß per Stück verkaufte Aggregate	44							

3. QUARTALSBERICHT 2007 F I R M A

Wien am: 23.9.07 17:19

Z. Nr.	FIRMA / KENNZAHLEN (in EUR) per 30.09.2007	JAHRESWERTE IST 31. Dez. 04	JAHRESWERTE IST 31. Dez. 05	JAHRESWERTE IST 31. Dez. 06	BUDGET 31. Dez. 07	GESCHÄFTSJAHR KUMULIERT Q-BUDGET 30. Sep 07	IST+IBU 30. Sep 07	Abgrenzung 30. Sep 07	IST 30. Sep 07	VORSCHAU Vorschau 31. Dez 07	BUDGET 31. Dez 08	BUDGET 31. Dez 09
	BILANZ											
1	Bilanzsumme											
2	Anlagevermögen											
3	Nennkapital (Grund- bzw. Stammkapital)											
4	davon Anteil des Hauptaktionärs in %											
5	Eigenmittel absolut											
6	Eigenmittelquote %											
7	in % des Anlagevermögens											
8	Nettoumlaufvermögen absolut											
9	in % der Betriebsleistung											
10	Working Capital											
11	Verbindlichkeiten gegenüber Banken											
12	Nettoverschuldung											
13	Fiktive Schuldentilgungsdauer											
	ERTRAGSLAGE											
14	Umsatzerlöse											
15	Gesamtleistung											
16	Personalaufwand											
17	Personalaufwand / Person											
18	Betriebserfolg (EBIT)											
19	Finanzergebnis											
20	Ergebnis der gewöhnlichen Geschäftstätigkeit											
21	Jahresüberschuss /-fehlbetrag											
	INVESTITIONEN/FINANZIERUNG											
22	Investitionen in IV, SA und FA											
23	Abschreibungen											
24	Cash flow aus dem Ergebnis											
	BESCHÄFTIGTE											
25	Gesamtpersonal (Durchschnitt) am Stichtag											
26	Gesamtpersonal (Köpfe) am Stichtag											
	ERFOLGSKENNZAHLEN											
27	ROE in %											
28	ROI in %											
29	ROS in %											
30	Anlagendeckungsgrad in %											
31	Innenfinanzierungsgrad der Investitionen in %											
32	Geldeingangsdauer in Tagen											
33	Lieferantenkreditdauer in Tagen											
34	Pro-Kopf-Umsatz											
	AUFTRAGSKENNZAHLEN											
35	Auftragsstand											
36	davon produktive Eigenleistung											
37	Auftragsreichweite (Wertschöpfung) in Monate											
38	kalkulierter Gewinn des Auftragsstandes											

3. QUARTALSBERICHT 2007 F I R M A

JAHRESWERTE				F I R M A GEWINN & VERLUSTRECHNUNG (GKV) per 30.09.2007	Position	GESCHÄFTSJAHR KUMULIERT				VORSCHAU		
IST 31. Dez 04	IST 31. Dez 05	IST 31. Dez 06	BUDGET 31. Dez 07			Q-BUDGET 30. Sep 07	IST-FIBU 30. Sep 07	Abgrenzung 30. Sep 07	IST 30. Sep 07	Vorschau 31. Dez 07	BUDGET 31. Dez 08	BUDGET 31. Dez 09
				Bruttoumsatzerlöse:								
				Produktions- Handels- und Dienstleistungserlöse Inland								
				Produktions- Handels- und Dienstleistungserlöse EU								
				Produktions- Handels- und Dienstleistungserlöse Drittland								
				Erlöse aus Teilrechnungen								
				Innenumsätze								
				Erlösschmälerungen								
				Umsatzerlöse	1							
				Veränderungen d. Bestandes a. fertigen u. unfertigen Erzeugnissen sowie a. n. n. abrechenb. Leistungen	3							
				andere aktivierte Eigenleistungen	4							
				sonstige betriebliche Erträge:								
				a) Erträge aus dem Abgang von und der Zuschreibung zum Anlagevermögen								
				b) Erträge aus der Auflösung von Rückstellungen								
				c) übrige								
				BETRIEBSLEISTUNG (Zwischensumme 1 - 4)	5							
				Aufwendungen für Material und sonstige bezogene Leistungen:	5 a							
				Materialaufwand								
				a) Materialaufwand Verbrauch von Rohstoffen (inkl. Eingangsfrachten)								
				a) Materialaufwand Verbrauch von bezogenen Teilen & HW (inkl. Eingangsfrachten)								
				a) Materialaufwand Verbrauch von Hilfs- und Betriebsstoffen (Produktion)								
				a) Materialaufwand Verbrauch für Verwaltung und Vertrieb								
				Aufwendungen für bezogene Leistungen:	5 b							
				b) Leistungsaufwand - Bezogene Leistungen - Fremdbearbeitung (Produktion)								
				b) Leistungsaufwand - beigestelltes Personal für die Fertigung (Produktion)								
				Personalaufwand	6							
				a) Löhne								
				b) Gehälter								
				c) Aufwendungen für Abfertigungen								
				d) Aufwendungen für Altersversorgung								
				e) Aufwendungen für gesetzlich vorgeschriebene Sozialabgaben								
				f) sonstige Sozialaufwendungen								
				Abschreibungen	7							
				a) auf Gegenstände des Anlagevermögens								
				b) auf Gegenstände des Umlaufvermögens								
				sonstige betriebliche Aufwendungen:	8							
				a) Steuern soweit nicht vom Einkommen und Ertrag (Z 21)								
				b) übrige:								
				b) Instandhaltung Grundstückseinrichtung und Gebäude								
				b) Instandhaltung technische Anlagen (Maschinen)								
				b) Sonstiger Instandhaltungsaufwand, Reinigung und Entsorgung								
				b) Kfz-Aufwand								
				b) Reise- und Fahrtkosten								
				b) Miet- und Pachtaufwand, Lizenzgebühren								
				b) Leasing								
				b) Ausgangsfrachten								
				b) Büroaufwand, Verwaltungsaufwand								
				b) Werbung und Repräsentation								
				b) Versicherungsaufwand								
				b) Provisionen								
				b) Rechts-, Prüfungs- und Beratungsaufwand								
				b) Schulung, Aus- und Weiterbildung								
				b) Umlagen, Mitgliedsbeiträge, Spesen des Geldverkehrs								
				b) Verluste (Buchverluste) aus dem Abgang von Anlagen								
				b) Zuweisungen Dotation zu sonstigen Rückstellungen (Garantie, Gewährleistung, Produkthaftung, etc.)								
				b) sonstige betriebliche Aufwendungen:								
				BETRIEBSERFOLG (Zwischensumme 1 - 8)	9							
				Erträge aus Beteiligungen	10							
				Erträge aus anderen Wertpapieren und Ausleihungen des Finanzanlagevermögens	11							
				sonstige Zinsen und ähnliche Erträge	12							
				Erträge aus dem Abgang von und der Zuschreibung zu Finanzanlagen und Wertpapieren	13							
				Aufwendungen aus Finanzanlagen und aus Wertpapieren des Umlaufvermögens davon sind:	14							
				Zinsen und ähnliche Aufwendungen	15							
				FINANZERFOLG (Zwischensumme 10 - 15)	16							
				ERGEBNIS DER GEWÖHNLICHEN GESCHÄFTSTÄTIGKEIT	17							
				außerordentliche Erträge	18							
				außerordentliche Aufwendungen	19							
				außerordentliches Ergebnis	20							
				Steuern vom Einkommen und vom Ertrag	21							
				JAHRESÜBERSCHUSS / JAHRESFEHLBETRAG	22							
				Auflösung unversteuerter Rücklagen	23							
				Auflösung von Kapitalrücklagen	24							
				Auflösung von Gewinnrücklagen	25							
				Zuweisung zu unversteuerten Rücklagen	26							
				Zuweisung zu Gewinnrücklagen	27							

3. QUARTALSBERICHT 2007 F I R M A

GEWINN & VERLUSTRECHNUNG (GKV) per 30.09.2007

Wien am: 23.9.07 17:22

JAHRESWERTE				Nr.	GEWINN & VERLUSTRECHNUNG (GKV) per 30.09.2007	GESCHÄFTSJAHR KUMULIERT				VORSCHAU		
IST 31.Dez.04	IST 31.Dez.05	IST 31.Dez.06	BUDGET 31.Dez.07			Q-BUDGET 30.Sep.07	IST-FIBU 30.Sep.07	Abgrenzung 30.Sep.07	IST 30.Sep.07	Vorschau 31.Dez.07	BUDGET 31.Dez.08	BUDGET 31.Dez.09
				1	Umsatzerlöse							
				2	Bruttoumsatzerlöse							
				3	Erlösschmälerungen							
					Umsatzerlöse							
				4	BVA an fertigen u. unfertigen Erzeugnissen sowie an n.n. abrechenbaren Leistungen							
					andere aktivierte Eigenleistungen							
					Sonstige betriebliche Erträge							
				4	Erträge a. d. Abgang von u. d. Zuschreibung z. Anlagevermn. m.m. Ausnahme d. FA							
				a	Erträge aus der Auflösung von Rückstellungen							
				b	übrige							
				c								
					BETRIEBSLEISTUNG (Summe 1-4)							
				5	**Aufwendungen f. Material u. sonst. bezog. Herstellungsleistungen**							
				a	Materialaufwand							
				b	Aufwendungen für bezogene Leistungen							
				6	**Personalaufwand**							
				a	Löhne							
				b	Gehälter							
				c	Aufwendungen für Abfertigungen							
				d	Aufwendungen für Altersversorgung							
				e	Aufwendungen für gesetzlich vorgeschriebene Sozialabwendungen							
				f	Sonstige Sozialaufwendungen							
				7	**Abschreibungen**							
				a	auf immaterielle Gegenstände des Anlagevermögens u. Sachanlagen							
				b	auf Gegenstände des Umlaufvermögens							
				8	**sonstige betriebliche Aufwendungen**							
				a	Steuern, soweit sie nicht unter Z 21 fallen							
				b	übrige Aufwendungen							
				9	**BETRIEBSERFOLG (Zwischensumme aus Z 1 bis 3)**							
				10	Erträge aus Beteiligungen							
					davon aus verbundenen Unternehmen							
				11	Erträge aus anderen Wertpapieren u. Ausleih. d. Finanzanlagevermögens							
					davon aus verbundenen Unternehmen							
				12	sonstige Zinsen und ähnliche Erträge							
					davon aus verbundenen Unternehmen							
				13	Erträge aus dem Abgang von und der Zuschreibung zu FA L. WP d. UV							
				14	Aufwendungen aus Finanzanlagen u.a. Wertpapiere des Umlaufvermögens							
				a	davon aus Abschreibungen:							
				b	davon aus verbundenen Unternehmen							
				15	Zinsen und ähnliche Aufwendungen							
					davon betreffend verbundene Unternehmen							
				16	**FINANZERFOLG (Zwischensumme aus Z 10 bis 15)**							
				17	**ERGEBNIS DER GEWÖHNLICHEN GESCHÄFTSTÄTIGKEIT**							
				18	außerordentliche Erträge							
				19	außerordentliche Aufwendungen							
				20	**außerordentliches Ergebnis**							
				21	Steuern vom Einkommen und vom Ertrag							
				22	**JAHRESÜBERSCHUSS / JAHRESFEHLBETRAG**							
				23	Auflösung unversteuerter Rücklagen							
				24	Auflösung von Kapitalrücklagen							
				25	Auflösung von Gewinnrücklagen							
				26	Zuweisung zu unversteuerten Rücklagen							
				27	Zuweisung zu Gewinnrücklagen							
					Ergebnisabführung							
				28	Mindestheitenanteile am Ergebnis							
					Gewinnvortrag / Verlustvortrag aus dem Vorjahr							
				29	**BILANZGEWINN / BILANZVERLUST**							

3. QUARTALSBERICHT 2007 F I R M A

Wien am: 23.9.07 17:26

JAHRESWERTE						F I R M A	GESCHÄFTSJAHR KUMULIERT				VORSCHAU										
IST	IST	IST	BUDGET			FINANZPLAN	BUDGET-KUM	IST	IST	IST	IST	IST	IST	IST	IST	IST	VORSCHAU	VORSCHAU	VORSCHAU	BUDGET	BUDGET
31. Dez 04	31. Dez 05	31. Dez 06	31. Dez 07	M.	9	per 30.09.2007	30. Sep 07	31. Jan 07	28. Feb 07	31. Mrz 07	30. Apr 07	31. Mai 07	30. Jun 07	31. Jul 07	31. Aug 07	30. Sep 07	31. Okt 07	30. Nov 07	31. Dez 07	31. Dez 08	31. Dez 09
0	0	0	0	A.		FINANZAKTIVA	0	0	0	0	0	0	0	0	0	0	0	0	0	0	0
						Leerzeile															
0	0	0	0			Bank A	0	0	0	0	0	0	0	0	0	0	0	0	0	0	0
0	0	0	0			Bank B	0	0	0	0	0	0	0	0	0	0	0	0	0	0	0
						Leerzeile															
0	0	0	0		I.	Guthaben bei Banken (variabel)	0	0	0	0	0	0	0	0	0	0	0	0	0	0	0
0	0	0	0		II.	Wertpapiere (festverzinslich)	0	0	0	0	0	0	0	0	0	0	0	0	0	0	0
0	0	0	0		III.	Konzernfinanzierung gegeben	0	0	0	0	0	0	0	0	0	0	0	0	0	0	0
0	0	0	0		IV.	sonstige Finanz- Guthaben (Cash, Barter, andere)	0	0	0	0	0	0	0	0	0	0	0	0	0	0	0
0	0	0	0	B.		FINANZPASSIVA	0	0	0	0	0	0	0	0	0	0	0	0	0	0	0
0	0	0	0		I.	Verbindlichkeiten Banken - kurz	0	0	0	0	0	0	0	0	0	0	0	0	0	0	0
0	0	0	0		II.	Verbindlichkeiten Banken/Lease - lang/variabel	0	0	0	0	0	0	0	0	0	0	0	0	0	0	0
0	0	0	0		III.	Verbindlichkeiten Banken/Lease - lang/fest	0	0	0	0	0	0	0	0	0	0	0	0	0	0	0
0	0	0	0		IV.	Konzernfinanzierung genommen	0	0	0	0	0	0	0	0	0	0	0	0	0	0	0
0	0	0	0		V.	sonstige Finanz- Verbindlichkeiten (Summe Leasing, Barter, andere)	0	0	0	0	0	0	0	0	0	0	0	0	0	0	0
0	**0**	**0**	**0**	**C.**		**FINANZANFANGSSTATUS (A-B)**	**0**	**0**	**0**	**0**	**0**	**0**	**0**	**0**	**0**	**0**	**0**	**0**	**0**	**0**	**0**
0	0	0	0	**D.**		(+) ordentliche EINZAHLUNGEN von:	0	0	0	0	0	0	0	0	0	0	0	0	0	0	0
						EZ Produktions-, Handels- und Leistungserlöse Inland	0														
						EZ Produktions- und Handelserlöse EU	0														
						EZ Produktions-, Handels- und Leistungserlöse Drittland	0														
						EZ Miet- und Pachteinahmen, Provisions- und Lizenzeinnahmen	0														
0	0	0	0	**E.**		(-) ordentliche AUSZAHLUNGEN für:	0	0	0	0	0	0	0	0	0	0	0	0	0	0	0
						AZ Roh-, Hilfs- und Betriebsstoffe und Handelswaren, Direktverbrauch	0														
						AZ Roh-, Hilfs- und Betriebsstoffe und Handelswaren, WE vom Lager	0														
						AZ für bezogene Herstellungsleistungen, Fremdleistungen	0														
						AZ Löhne und Gehälter inkl. aller Nebenkosten u. Sozialaufwand	0														
						AZ Betriebssteuern (G&V 8.a.)	0														
						AZ Instandhaltungsaufwand	0														
						AZ Reise- und Fahrtkosten, Kfz-Aufwand	0														
						AZ Miet- und Pachtaufwand, Lizenzgebühren	0														
						AZ Leasing	0														
						AZ Ausgangsfrachten	0														
						AZ Büroaufwand, Verwaltungsaufwand	0														
						AZ Versicherungsaufwand	0														
						AZ Provisionen	0														
						AZ Rechts-, Prüfung- und Beratungskosten	0														
						AZ Garantieaufwand und sonstiger Schadensaufwand	0														
						AZ sonstige betriebliche Aufwendungen	0														
0	0	0	0			STEUERN	0	0	0	0	0	0	0	0	0	0	0	0	0	0	0
						EZ Steuereinzahlungen (aus Forderungen a.d. Abgabenbehörden)	0														
						AZ Körperschaftssteuer KÖSt	0														
						AZ EUSt	0														
						AZ USt Zahllast	0														
						AZ/EZ Selbstbemessungsabgaben und sonstige Steuern zusätzlich zu 8a	0														
0	0	0	0			FINANZERGEBNIS	0	0	0	0	0	0	0	0	0	0	0	0	0	0	0
						EZ von Zinsguthaben	0														
						AZ von Zinsenaufwendungen	0														
						EZ von sonstigen Finanztransaktionen	0														
						AZ von sonstigen Finanztransaktionen	0														
0	**0**	**0**	**0**	**F.**		**OPERATIVES LIQUIDITÄTSERGEBNIS (D.+E.)**	**0**	**0**	**0**	**0**	**0**	**0**	**0**	**0**	**0**	**0**	**0**	**0**	**0**	**0**	**0**
0	**0**	**0**	**0**			**durchschnittliches OPERATIVES LIQUIDITÄTSERGEBNIS**	0	**0**	**0**	**0**	**0**	**0**	**0**	**0**	**0**	**0**	**0**	**0**	**0**	**0**	**0**
						(-) Abschreibungen vom Sachanlagevermögen	0	0	0	0	0	0	0	0	0	0	0	0	0	0	0
						EZ Devestitionen (Anlagenverkäufe), EZ/AZ sonstige nicht operative Posten	0	0	0	0	0	0	0	0	0	0	0	0	0	0	0
0	**0**	**0**	**0**			**(=) Erweitertes gewogenes Zahlungsstromergebnis**	0	**0**	**0**	**0**	**0**	**0**	**0**	**0**	**0**	**0**	**0**	**0**	**0**	**0**	**0**
0	0	0	0	**G.**		NICHT OPERATIVE ZAHLUNGSEINGÄNGE	0	0	0	0	0	0	0	0	0	0	0	0	0	0	0
					I.	EZ Devestitionen (Anlagenverkäufe)	0														
					II.	EZ Erhaltene Anzahlung ohne noch konkreter Leistung	0														
					III.	EZ betreffend Kapitalbereich	0														
					IV.	EZ sonstige nicht operative Einzahlungen	0														
0	0	0	0	**H.**		NICHT OPERATIVE ZAHLUNGSAUSGÄNGE	0	0	0	0	0	0	0	0	0	0	0	0	0	0	0
					I.	AZ Investitionen ins Anlagevermögen (auch über Leasing finanzierte)	0														
					II.	AZ Lager(-rest) Umlaufvermögen	0														
					III.	AZ geleistete Anzahlungen	0														
					IV.	AZ sonstige nicht operative Auszahlungen	0														
0	**0**	**0**	**0**	**I.**		**NICHT OPERATIVES LIQUIDITÄTSERGEBNIS**	**0**	**0**	**0**	**0**	**0**	**0**	**0**	**0**	**0**	**0**	**0**	**0**	**0**	**0**	**0**
0	0	0	0	J.		LIQUIDITÄTSERGEBNIS gesamt (F.+I.)	0	0	0	0	0	0	0	0	0	0	0	0	0	0	0
0	0	0	0	**K.**		KUMULIERTE ÜBER- und UNTERDECKUNG		0	0	0	0	0	0	0	0	0	0	0	0	0	0
0	0	0	0			NULL-SUMME LIQUIDITÄTSERGEBNIS zu FINANZMAßNAHMEN		0	0	0	0	0	0	0	0	0	0	0	0	0	0
0	0	0	0	L.		FINANZMAßNAHMEN	0	0	0	0	0	0	0	0	0	0	0	0	0	0	0
						FINANZAKTIVA															
						Leerzeile															
						Bank A	0														
						Bank B	0														
						Leerzeile															
0	0	0	0		I.	(+Erh.)/ -Verm. Guthaben Banken (A.I.)	0	0	0	0	0	0	0	0	0	0	0	0	0	0	0
0	0	0	0		II.	(+Erh.)/ -Verm. Wertpapiere festverzinslich (A.II.)	0	0	0	0	0	0	0	0	0	0	0	0	0	0	0
0	0	0	0		III.	(+Erh.)/ -Verm. Konzernfinanzierung gegeben (A.III.)	0	0	0	0	0	0	0	0	0	0	0	0	0	0	0
0	0	0	0		IV.	(+Erh.)/ -Verm. Guthaben sonstige Guthaben (A.IV.)	0	0	0	0	0	0	0	0	0	0	0	0	0	0	0
						FINANZPASSIVA															
0	0	0	0		I.	(-Erh./ +Verm.) Verbindlichkeiten Banken - kurz (B.I.)	0	0	0	0	0	0	0	0	0	0	0	0	0	0	0
0	0	0	0		II.	(-Erh./ +Verm.) Verbindlichkeiten Banken/Lease - lang/variabel (B.II.)	0	0	0	0	0	0	0	0	0	0	0	0	0	0	0
0	0	0	0		III.	(-Erh./ +Verm.) Verbindlichkeiten Banken/Lease - lang/fest (B.III.)	0	0	0	0	0	0	0	0	0	0	0	0	0	0	0
0	0	0	0		IV.	(-Erh./ +Verm.) Konzernfinanzierung genommen (B.IV.)	0	0	0	0	0	0	0	0	0	0	0	0	0	0	0
0	0	0	0		V.	(-Erh./ +Verm.) sonstige Verbindlichkeiten (B.V.)	0	0	0	0	0	0	0	0	0	0	0	0	0	0	0
0	**0**	**0**	**0**	**M.**		**FINANZSTATUS (C+J)**	**0**	**0**	**0**	**0**	**0**	**0**	**0**	**0**	**0**	**0**	**0**	**0**	**0**	**0**	**0**
0	0	0	0		I.	Verfügbare Finanzaktiva	0	0	0	0	0	0	0	0	0	0	0	0	0	0	0

3. QUARTALSBERICHT 2007 F I R M A

F I R M A
FINANZMITTELFONDS nach dem SFAS 95
per 30.09.2007

JAHRESWERTE				Nr.	Beschreibung	GESCHÄFTSJAHR KUMULIERT				VORSCHAU		
IST 31. Dez 04	IST 31. Dez 05	IST 31. Dez 06	BUDGET 31. Dez 07			Q-BUDGET 30. Sep 07	IST-FIBU 30. Sep 07	IST-FIBU Abgrenzung 30. Sep 07	IST 30. Sep 07	Vorschau 31. Dez 07	BUDGET 31. Dez 08	BUDGET 31. Dez 09
				1	JAHRESÜBERSCHUSS / JAHRESFEH..BETRAG							
				2	(+) Abschreibungen auf das Anlage- und Umlaufvermögen (IM, SAV, FA)							
				3	(-) Erträge (+ Verluste) aus Anlagenabgängen							
				4	(+) Zuschreibungen auf das Anlagevermögen							
				5	(+) Erhöhung (- Senkung) Sozialkapital (langfristigen RST)							
				6	**Cash Flow aus dem Ergebnis**							
				7	(+) Erhöhung (- Senkung) Steuer- und sonstige kurzfristige RST							
				8	(+) Erhöhung (- Senkung) Verbindl. aus L&L u. sonstige Verbindl.							
				9	(+) Erhöhung (- Senkung) erhaltener Anzahlungen							
				10	(+) Erhöhung (- Senkung) passiver Rechnungsabgrenzungen							
				11	(-) Erhöhung (+ Senkung) von Vorräten (geleisteten Anzahlungen u. ARA)							
				12	(-) Erhöhung (+ Senkung) von Forderungen(ohne a.sstehende Einlagen)							
				13	(+/-) Anteil. Jahresüberschuss-fehlbeträge von asseziierten Unternehmen							
				14	(+/-) Gewinne/-Verluste aus der Währungs..rechnung							
				15	**(=) Cash - Flow aus den operativen Bereich**							
				16	(+) Erträge aus dem Abgang von Anlagevermögen. (Erlöse - Buchwert)							
				17	(-) Verluste abgegangener Anlagen (Erlöse - Buchwert)							
				18	(+) Investitionen / Desvestitionen(BW) erhaltener Anzahlungen							
				19	(+) Investitionen / Desvestitionen(BW) ins/vom Finanzanlagevermögen							
				20	(+/-) Investitionen / Desvestitionen(BW) ins/vom Anlagevermögen (WP)							
				21	(-) Aktivierung von Ingangsetzungskosten							
				22	(+/-) Sonstiges							
				23	**(=) CF aus der INVESTITIONSTÄTIGKEIT**							
				24	**(=) CF nach Investitionen (Free Cash Flow)**							
				25	(+) Zahlungswirksame Kapitalerhöhung auf Grund- oder Stammkapital							
				26	(+) Zahlungswirksame Kapitalerhöhung Partizipationskapital							
				27	(+) Sonstige zahlungswirksame Kapitalerhöhungen							
				28	(+) Einzahlungen ausstehender Einlagen auf das Nennkapital							
				29	(+) Agio/einzahlungen							
				30	(+) Erhöhung (- Senkung) Bankverbindlichkeiten							
				31	(+) Erhöhung (- Senkung) sonstiger Finanzierungsverbindlichkeiten							
				32	(+/-) Bewegungen im Kapitalbereich, Privatentnahmen							
				33	(-) Gewinnausschüttung Vorjahr							
				34	**(=) CF aus der FINANZIERUNGSTÄTIGKEIT**							
				35	**(=) (+ Zunahme / - Abnahme liquide Mittel)**							
				36	(+) LIQUIDE MITTEL am JAHRESBEGINN							
				37	Liquide Mittel lt. Bilanz (Kontrollsumme, Soll)							
				38	**(=) LIQUIDE MITTEL am JAHRESENDE**							
				39	Endbestand liquide Mittel							
				40	(-) Anfangsbestand liquide Mittel							
				41	**(=) Fondsveränderung = SUMME CF**							

Differenz

Kontrolle

WE

3. QUARTALSBERICHT 2007 F I R M A

Eingabedaten

Wien am: 23.9.07 17:25

IST 31. Dez 04	IST 31. Dez 05	IST 31. Dez 06	BUDGET 31. Dez 07	Z. Nr.	F I R M A / KALKÜLE der UNTERNEHMENSBEWERTUNG (in EUR) per 30.09.2007	Q-BUDGET 30. Sep 07	IST-FIBU 30. Sep 07	IST 30. Sep 07	Vorschau 31. Dez 07	BUDGET 31. Dez 08	BUDGET 31. Dez 09
					JAHRESWERTE / **GESCHÄFTSJAHR KUMULIERT** / **VORSCHAU**						
				9	**UNTERNEHMENSWERT auf Basis Free-CF**						
				1	Free Cash Flows (FCF)						
				2	Fremdkapitalquote (vom korrigierten Kapital)						
				3	Inflationsfaktoren für Vergangenheit // WACC für Zukunft						
				4	KÖST-Satz (in %)						
				5	SMR von Bundesanleihen (risikoloser Zinssatz (%)						
				6	Marktrisikoprämie lt. Literatur (%)						
				7	Beta-Faktor bei vollständiger Eigenfinanzierung (ßu)						
				8	Fremdkapitalkosten (in %) FKK%						
				9	korr. FKK% durch KÖST (Abzug d. FK-Zinsen)						
				10	Eigenkapitalkosten des unverschuldeten Unternehmens (%)						
				11	Beta-Faktor mit Berücksichtigung der Kapitalstruktur (ßv)						
				12	Eigenkapitalkosten des verschuldeten Unternehmens (%)						
				13	gewichteter Kapitalkostensatz-Faktor WACC (%)						
				14	Netto Unternehmenswert E (Barwerte+Residualwert-korrFK)						
					BREAK-EVEN-KALKÜLE						
				15	Umsatzerlöse						
				16	Cash-Flow-Tangente % (FreeCF / Umsatz)						
				17	adaptierter Ertragsteuersatz KÖST (s in %)						
				18	Finanzierungskostensatz (%)						
				19	Fremdkapital Marktwert (MW korrigiertes Fremdkapital)						
				20	gegenwärtiger Börsewert, Übernahmewert (MW korr. Eigenkapital)						
				21	Kritische - Break-even - Cash-Flow-Tangente BECFT						
				22	Kritischer Finanzierungskostensatz						
				23	Substanzwert S (korrigiertes Eigenkapital)						
				24	Unternehmenswert Mischverfahren W ((S+2E)/3)						
					ERMITTLUNG des GEMEINEN WERTES						
				25	Vermögenswert V je 100 Nennkapital						
				26	Kürzungsfaktor für Ertragswert < 0 (Kürzungsfaktor bei Verlust = 1)						
				27	Ertragswert E je 100 Nennkapital (vom operativen Ergebnis)						
				28	Gemeiner Wert aller Beteiligungen						
				29	(-) Schulden aller Beteiligungen						
				30	(>>) gemeiner Wert der Beteiligungen GwB je 100 Nennkapital						
				31	Eigenanteile absolut (wenn EA > 10% des Nominale Nennkapital)						
				32	Eigenanteilsfaktor EAF (1oder > 1)						